日本国家の起原と天孫降臨

天孫は奴国から伊都国へ降臨した

井手將雪

海鳥社

本扉写真・平原遺跡から発掘された内行花文八葉鏡「八咫の鏡」(『平原弥生古墳　大日孁貴の墓』葦書房より、伊都国歴史博物館蔵)

はじめに

日本国家の起原については、私の恩師である原田大六先生の恩師・中山平次郎先生が昭和初期に、「日本国家の起原は、弥生時代の三種の宝物を究明することによって解明されるであろう」と発表されている。

この中山学説を継承された原田先生は、前漢時代の三種の宝物を副葬していた三雲南小路遺跡がある前原町（現糸島市）に住まわれて、今後さらに三種の宝物を持った弥生後期後半の王墓が発見される事を信じながら、いつの日にかやってくると推察される偉大な遺跡の発見を待ちわびておられたのである。

その原田先生宅に、昭和四十年二月一日の夕刻、「鏡が出土したといっています。相当大きなものらしいです。場所は平原だそうです」という知らせがあった。

すぐに原田先生は、発見者の井手信英さん宅に行って、農作業で発掘されたたくさんな割れた鏡を一目見て「わたしは自分の目を疑った」と言われている。

ためしに測定してみると巨大鏡は直径四六センチを超えるものらしい。

先生は「たしかに弥生後期後半の、これこそ王墓の副葬品だ」と直感された。そこで友人の井上勇さん宅に、「大事のできたといって、走りこんだ時には、気が付いてみると土足のままお座敷にあがっていた」と話されている。

この遺跡こそ、日本国家の起原を実証できる最高の、弥生後期後半の三種の宝物を副葬していた王墓である。

そして、この王墓の報告書が原田大六著『平原弥生古墳　大日孁貴の墓』上・下巻、平原弥生古墳調査報告書、編集委員長神田慶也である。


大日孁貴のまたの名は、天照大御神である。その天照大御神の存在を証明するだけの三種の宝物がこの王墓から出土している。

特に三種の宝物のうち、のちの世では三種の神器と呼ばれる「八咫鏡と八尺の勾璁五百津の御統の珠」に相当する八咫の寸法ある八咫鏡は四面あり、三個の勾玉と約五百個の丸玉は組みになって割り竹形木棺の中心部から出土しているのである。また三種の宝物のうち、刀については、鉄素環頭大刀が出土している。

私は、弥生時代のこれらの三種の宝物を究明することによって、『古事記』に記録され

ている、天孫降臨を、この著書では、実在の日本国家の起原として、解明しようとしているのである

二〇一三年三月

井手將雪

日本国家の起原と天孫降臨◉目次

凡例
本文中の『古事記』は『古事記 祝詞』日本古典文学大系〈1〉（倉野憲司、武田祐吉校注、岩波書店）を使用し、訓み下し文を使い、必要に応じて仮名表記とした。
平原弥生遺跡の出土品の写真は原田大六著、平原弥生古墳調査報告書『平原弥生古墳大日孁貴の墓』（編集委員長神田慶也、葦書房）から引用した。写真には（『平原弥生古墳　大日孁貴の墓』より）と記した。出土品は、伊都歴史博物館蔵である。

第一部　日本国家の起原と天孫降臨

天孫は奴国から伊都国へ降臨した

第一章　『古事記』の天孫降臨以前の記録

『古事記』「天孫降臨」以前の記録を知るために

『古事記』の神代史（通称神話）を、何回も繰り返し読んでみると、五つのブロックに分けて記録されている事が分かる。


第一のブロックは、自然環境創世の物語である。

第二のブロックは、台風のタケハヤスサノヲと対決される人間の天照大御神の物語である。

第三のブロックは、五穀渡来の物語である。

第四のブロックは、人間のハヤスサノヲの命の活躍物語である。

第五のブロックは、天孫降臨の物語である。

右のように、その結論だけを書いてみても、理解されにくいと思われるので、次には少しその内容を詳しく紹介しよう。

第一のブロック　自然環境創世物語

別天神五柱

◎　ここにあるのは、夜空の星の記録である。

天地初めて發けし時、高天の原に成れる神の名は、天之御中主神。次に高御産日神。次に神産巣日神。此の三柱の神は、並獨神と成り坐して、身を隠したまひき。

右の文章は、『古事記』の書き出し部分の、現代読みである。次にはそこにある神の名称を、分かりやすく意訳する。

『古事記』での名称を記したあとに、その名称の意訳（以下同じ）を記した。

①　**高天の原**　この場面の高天の原は、天空のことである。しかし『古事記』の中では、地上の高天の原もあるので注意が必要になる。

②　**天之御中主神**　アマノミナカヌシの神とは、北極星を喩えた名称。

③　**高御産巣日神**　この神も、木星や金星のような星の名称であるが、なぜタカミムスヒの神と言うのか、この場面では分からない。

④　**神産巣日神**　この神も、木星や金星のような星の名称であるが、なぜカミムスヒの神と言うのか、この場面では分からない。

⑤　**並獨神**　ミナヒトリ神というのは、星には陰陽がないことの喩えである。

⑥　**宇摩志阿斯訶備比古遲神**　ウマシアシカビヒコジの神とは、夜空に白く光る星を、美しい葦の白い芽が黒土地の中から萌え出るようだと見て、星の光を喩えた名称になっている。

⑦　**天之常立神**　天空に常に存在する神で、星が存在する場所を表す名称であり、これらの神は、陰陽がないので皆一人神と記載されている。

『古事記』の神代史（通称神話）の中の神とは、力が有ると思われるものには神羅万象、全て神と認められているようである。次からは、特に必要と認める神の名称だけを意訳する。

「神世七代」ここにあるのは、雷雲に関係する喩え話である。

① 国之常立神　この場面ではまだ地上の島や国が出来ていない。その天（星）の下にあるのは雲であり、その雲の場所を表す名称である。

② 豊雲野神　①の国之常立神の場所にあるのが、豊かな雲野の神とある。この二神も陰陽がないから、一人神と記載されている。

◎ 次にあるのが、陰陽のある雲の名称である。

③ 宇比地邇神　ウヒヂニの神とは、秋の雨天になる雲の名称。

④ 妹須比智邇神　イモスヒヂニの神とは、秋の晴天になる雲の名称。

⑤ 角杙神　ツノグヒの神とは、冬の雨天になる雲の名称。

⑥ 妹活杙神　イモイクグヒの神とは、冬の晴天になる雲の名称。

⑦ 意富斗能地神　オホトノヂの神とは、春の雨天になる雲の名称。

⑧ 妹大斗之辨神　イモオオトノベの神とは、春の晴天になる雲の名称。

⑨ 於母陀流神　オモダルとは面足るのことで、顔が丸く盛り上がる入道雲であり別名雷雲のことである。この雲は夏の雷雨になる雲の名称である。

⑩ 妹阿夜訶志古泥神　イモアヤカシコネの神とは、夏の晴天になる雲の名称。

⑪　伊邪那岐神　イザナキの神とは、⑨の雷雲の中に発生する陽電気を擬人化した名称である。（イザナミの御身体が雷であり、イザナキの神も同類と見る。）

⑫　妹伊邪那美神　イモイザナミの神とは、雷雲の中に発生する陰電気を擬人化した名称である。このイザナミの御身体が雷《いかづち》であるということは、『古事記』の（岩波古典文学大系『古事記』六五ページ）にはっきりと記載されている。

雷、夏につきものの雷は発達した積乱雲がもたらす

以上で分かるように、『古事記』の自然環境創世物語は人間の歴史ではない。これ以降の、イザナキの神とイザナミの神が関係する記録も、喩え話の物語であることを知ってもらいたい。

陽電気のイザナキの神と陰電気のイザナミの神が、雷雲に乗って合体し、天沼矛《あまのぬぼこ》と呼ばれる、落雷による大火柱の力によって、大八島が生みだされたという喩え話になっているのである。

そして、自然環境創世物語の最後を飾る、擬人化された陽電気のイザナキの神が、左の御目を洗ひたまふ時に、成れる神の名は、天照大御神。次に右の御目を洗ひたまふ時に、成れる神の名は、月讀命。次に御鼻を洗ひたまふ時に、成れる神の名は、建速須佐之男命。

この文章も、喩え話の最たるものである。しかしこの中に出てくる三貴神の名は、日本の実在した歴史に繋がりがあり、今後大きく活躍する人の名称に関係することになる。

① **成れる神**　成れるとは、無かったものが新たに形ができて現れること。

② **天照大御神**　アマテラスオホミ神の原点は、日神（太陽）である。しかし『古事記』の中では、日神（陽）の天照大御神の時もあり、日神と精神的に一体に成れると信じられていた、人間の天照大御神の時もあり、天照大御神を祀る時の鏡の天照大御神があることにも、注意しなければならないのである。ここでの天照大御神は、原点の日神・アマテラスオホミ神の名称。

③ **月讀命**　陰の月神のことと思われるが、読むという文字があるので、月を読むことのできる人の名称ではないかと推察される、しかしこの文字は、この場限りで『古事記』には後の記録はない。

④　建速須佐之男命　タケハヤスサノヲは、北部九州では台風の名称である。命の文字が付く時は、人間の「ハヤスサノヲの命」と表記されることが多い。ここの場合は、鼻を洗う時に成れる神であり、鼻は空気に関係があり、空気は台風に関係があるので台風関係の名称である。

以上で、自然環境創世物語を簡単に紹介したが、日本国家の起原の記録としては、これ以後に記載されている人間の天照大御神の事績と、人間のハヤスサノヲの命の事績が、主体をなしているのである。

第二のブロック　タケハヤスサノヲと天照大御神の物語

第二のブロックは台風のタケハヤスサノヲと対決される人間の天照大御神の物語である。この物語の年代は、天孫降臨の最後の部に入る。実年代は、西暦一五〇年頃と推定される。その実証は後記する。

弥生時代で、一番大切な産業は稲作であった。この稲作に甚大な被害をもたらすのは台風である。しかしそのことが分かるのは、五穀の渡来があって稲の耕作が開始されてからである。しかし『古事記』の神話の中で、稲を含む五穀の渡来が記録されているのは、第三のブロックである。この事を知っただけでも『古事記』の神話は年代順に記録されていない事が分かるのである。その上に、この第二ブロックを最後まで良く読んでみると、重ねて重要なことが分かる。その重要なことは第二ブロックの最後で指摘しよう。

稲作に甚大な被害をもたらす、台風のタケハヤスサノヲが、山川や国土を皆震《ゆ》り動かしながら、高天原に参上《まいのぼ》って来たのである。この台風タケハヤスサノヲに対して『古事記』には、

神夜良比夜良比賜へり。

と記録されている。

① 「神夜良比夜良比賜へり」のヤラヒは追放のことであり、「神ヤラヒヤラヒ賜へり」とは、神器の銅剣・銅矛・銅戈・銅鐸を使って、台風追放・担当者の、ハヤスサノヲの命が、台風追放の祈願祈禱を実行した、ということである。

しかし今度の台風は、ハヤスサノヲの命が、台風追放の祈願祈禱を実行したにもかかわらず、台風の猛威は衰えることなく、益々力を増して筑紫倭国を直撃してきたのであ

る。その状況を聞き驚いて、天照大御神は、御自身みずから、台風追放祈願祈禱の準備をして、台風のタケハヤスサノヲと対決されたのである。

そしてそこで実行されるこの、台風のタケハヤスサノヲと人間の天照大御神との対決も、ほとんど喩え物語によって記述されているのである。この喩え物語を分かり易く解説していると、第二ブロックの意訳だけでも一冊の本になる。そこで先に進んで、この第二ブロックでは、人間の天照大御神の最後を意訳しよう。


天照大御神は、倭国全員の台風タケハヤスサノヲは来るな、という願いを一身に受けその先頭に立って、台風タケハヤスサノヲの、追放祈願祈禱を実行されたのである。しかしこのたびは、猛烈に荒れ狂う台風タケハヤスサノヲの直撃を受けて、祈願祈禱所の宮殿までもが破壊され、中で追放祈願祈禱をされていた、天照大御神がお隠れ（死亡）になってしまった。その結果この世の中は、暗黒の世界になってしまったのである。そこで、人間の天照大御神の後継者を決定するために、天の石屋戸開きの祭典が挙行された。

その、天の石屋戸開きの祭典のための神器として作製されたのが、八尺《やあた》の鏡（『古事記』

は八尺鏡《やあたのかがみ》で『日本書紀』には八咫鏡《やたのかがみ》と記載されている）と八尺《やさか》の勾璁の五百津の御須摩流の珠である。この二つの神器を使って、天の石屋戸開きが成功して、次の後継者である、若い天照大御神が誕生されたのである、と推定できるように記録されている。このように天照大御神と呼ばれた人は一人ではない。

以上の事績を見て、最後に指摘される重要な問題の、

第一は、頂点に立つ、人間の天照大御神がお隠れ（死亡）になった記録が、日本人の歴史としてなぜ最初に来るのであろうか、一番重要なことである。

第二は、天の石屋戸開きの神器として作製された、八咫鏡とヤサカの勾璁の五百個のミスマルの珠の二種の神器が、この時に作製されたと記録されていることである。この二種の神器に相当する宝物が、本著書の「はじめ」の文中に記述しているように、『平原弥生古墳　大日孁貴の墓』の副葬品として出土しているのである。これを証拠にして、原田大六氏は、『実在した神話』を発表され、その遺跡の報告書に「大日孁貴の墓」という名称を付けられているのである。この遺跡の年代は、弥生後期後半（西暦一五〇年頃）で、神代史の中では最後の部にはいる。ここでも『古事記』が年代順に記録されていないことが分かる。

①　天の石屋戸　日神の天照大御神が入る実在の天の石屋戸はない。古代の人は、日

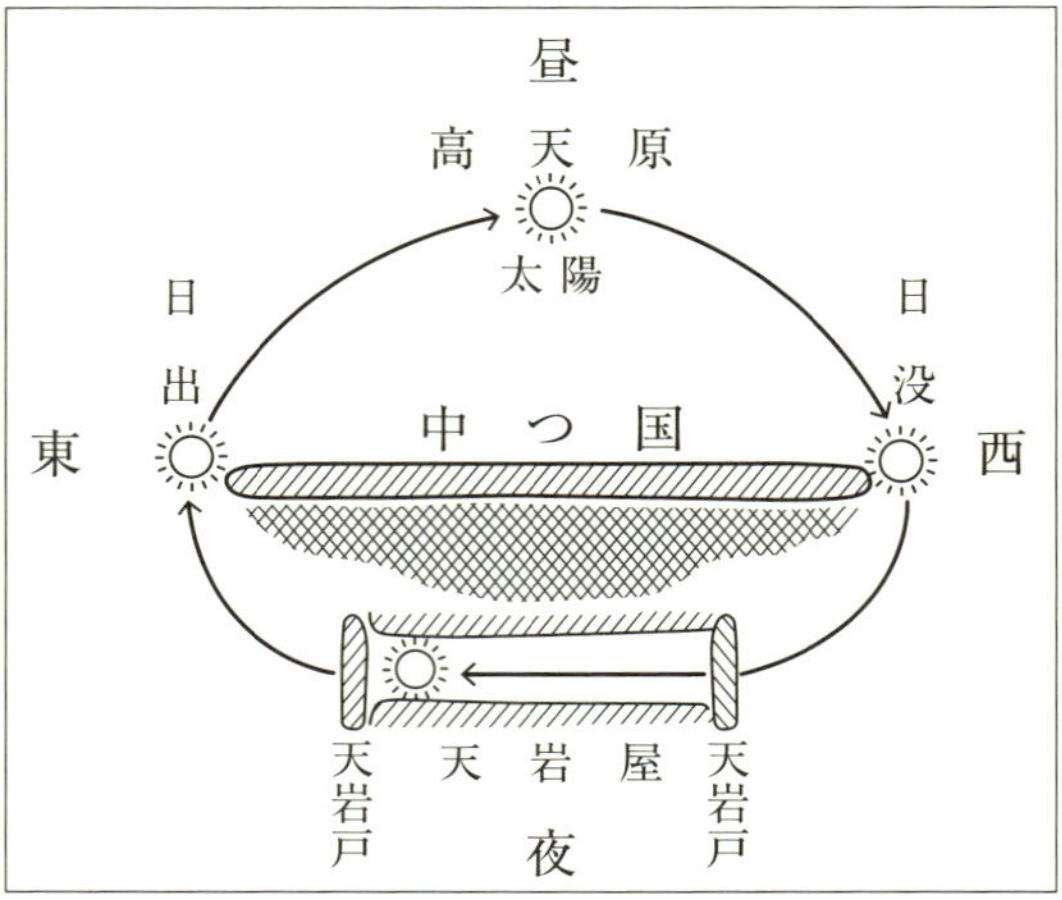

古代日本人の宇宙観

神の太陽が西の彼方に隠れて、この世の中が夜の世界になることを、日神が天の石屋戸にお隠れになったからであると信じていたのである。このように天の石屋戸は喩え言葉である。その喩え言葉である天の石屋戸の実在の記録が、人間の天照大御神がお隠れになった時に、葬儀が終わるまでの間、御遺体を安置する場所として、殯《もがり》の宮が建立された。その天照大御神を入れる殯の宮が、実在の天の石屋戸に見立てられていたのである。

② もう一つ残されている事後処理　台風追放の祈願祈禱に失敗した、ハヤスサノヲの命の罪に対しての処罰がある。その罪にたいして、

是に八百萬の神共に議りて、ハヤスサノヲの命に千位の置戸を負せ、亦髭を切り、

手足の爪も抜かしめて、神夜良比夜良比岐。

と記録されている。神代史最後の西暦一五〇年頃のこの時点で、台風追放祈願祈禱師のハヤスサノヲの命は、台風追放祈願祈禱の失敗の責任を取らされて、手足の爪を抜かれて追放されたと記録されている。

『古事記』の記録で十分注意して見なければならないのは、矛盾した記録があることである。ここにあるハヤスサノヲの命の追放は、年代順に見れば、神代史の最後に追放されているのである。ところが、此の後の第四ブロックでも、ハヤスサノヲの命は追放されて出雲へ行ったとある。しかし、第四ブロックのハヤスサノヲの命は追放されて出雲へ行ったのではない。台風追放の祈願祈禱を広め、生贄の少女を救うために出雲へ行ったのである。

第三のブロック　五穀の渡来物語

年代は西暦前六世紀頃である。『古事記』（岩波古典文学大系『古事記』）では、五穀の起原として、六行で纏められている。『日本書紀』（岩波古典文学大系『日本書紀』）では、

「神代上第五段(一書第十一)」として、十五行で分かりやすく纏められている。『古事記』と『日本書紀』の神話を比べてみると、『古事記』は、第四十代天武天皇は、諸氏の家々に持っている帝紀と本辞は、違いが多いと聞かれ、正しい歴史を残そうとして、稗田阿礼に誦習させていた。

その事業を継いだ、第四十三代元明天皇の時代に、太安万侶の筆録によって和銅五年(七一二)に完成されている。それだけに『日本書紀』より正しい歴史が残されていると推察されるのである。しかし、『古事記』の中に月讀命の事績はない。

これに対して、『日本書紀』は、諸氏の家々に伝わる歴史をそのまま収録されているので、同じような伝承であっても、多いところでは、本文と合わせると十二の伝承が記録されている、それだけに多くの違いが見られるのである。

ところが、この五穀の渡来については、『日本書紀』のほうが、月夜見尊の記録もあるので、正しい歴史が残されていると推察される。そこで。五穀の起原については、『日本書紀』の第五段(一書第十一)を、意訳して紹介することにしよう。

人間の天照大御神から、ツクヨミの尊に向かって、「海の向こうに保食神有り、行きてみよ」との命令が出されたのである。

① **保食神**　ウケモチの神のウとは、朝鮮語で牛のことである。ウケモチの神とは、牛を殺して食う神祭りのこと。

天照大御神の命を受けて、ツクヨミの尊が牛を食う神祭りの現場に到着してみると、陸のほうでは口から飯が出て、海のほうでは口から魚が出て、山のほうでは口から獣が出された。

② **口から飯**　口から飯が出るということは、汚く見えた事の喩え。

その、牛を食う神祭りの品々を、沢山盛り上げて、皆に食うように勧められた時に、ツクヨミの尊は、怒りを顔に出して、「汚らわしきかな、卑しきかなこのように汚いものをたれが食えるものか」と言って帰ってきて、天照大御神に報告したところ、「それはお前が悪い」と強く叱られたのである。

ツクヨミの尊を強く叱った後、天照大御神は、今度は獣の熊のように強い、天熊人にたいして行くように命令を出された。その命令に従って、天熊人が到着してみると、すでに神祭りは終了していたが、そこに集められていた、粟・蚕・稗・稲・麦・大小の豆の種を貰い受けて持ち帰り、天照大御神へ渡されたのである。

この五穀渡来の年代は、西暦・前六世紀頃と推測されている。

③　この五穀渡来の時の　天照大御神は、日本国家の起原以前の、日本最初の天照大御神と呼ばれた人である。

第四のブロック　人間のハヤスサノヲの命の活躍物語

ハヤスサノヲの命は、台風追放の祈願祈禱師。

倭国で、水稲耕作が始まって一番困ったことは、台風の被害であった。その台風のことを、九州・筑紫倭国ではタケハヤスサノヲと呼び、その東方では、台風のことを、八俣の遠呂智《おろち》と呼んでいたのである。

①　タケハヤスサノヲ　タケハヤスサノヲとは、猛くて速くて凄まじいことであって、これは台風を喩えた言葉である。このタケハヤスサノヲ台風の被害を避けるために、九州・筑紫倭国では、台風被害対策担当の、ハヤスサノヲの命が、銅剣・銅矛・銅戈、銅鐸を祭具の神器として、台風追放の祈願祈禱を考案したのである。

②　八俣の遠呂智　科学的に見ると、台風の中にヤマタノヲロチという大蛇はいない。しかしそれは、竜巻のなかに竜がいないことと同じことで、竜巻の中に竜がいなくても

竜巻ということと同じである。このような、ヤマタノヲロチや竜巻は、同じような喩え言葉なのである。このような喩え言葉をつかった喩え物語があることを十分知ってから、日本の神話は読んでもらいたいのである。

この第四のブロック、人間・ハヤスサノヲの命の活躍物語は、拙著『日本国家の起原と銅剣・銅矛・銅戈・銅鐸の謎』で詳細に記述している。ここではその大筋だけを記載しよう。

その当時、九州・筑紫倭国にいた天照大御神は、朝鮮半島や中国との交流を取りまとめて、倭国の発展に努めていたと推察されるのである。

その弟であるハヤスサノヲの命は、外国から輸入された銅剣・銅矛・銅戈・銅鐸を祭具の神器として、台風追放祈願祈禱を考案したのである。

そこでハヤスサノヲの命は、この台風追放祈願祈禱の祭りを広めるために、九州・筑紫倭国を出発して、東方の国に来てみると、台風の中にヤマタノヲロチがいると信じて暮らしている地方があったのである。

この地方では、毎年やってくる台風ヤマタノヲロチに対して、可愛い少女を生贄に出していた。そこでハヤスサノヲの命は、生贄にされる予定の、少女の櫛名田比賣（クシイナダ姫とは、奇稲田姫のことで、不思議に稲田を救うことのできる姫のこと）を妻にもらい受けて、神器の銅剣を使い、ヤマタノヲロチ退治追放の祈願祈禱を実行した、その結果は、見事に成功したと記録されているのである。

この時のヤマタノヲロチ（台風）の被害によって、崖崩れがおき、その崖崩れの中にあった遺跡から、草那藝の大刀が発見されたのである。

① **草那藝の大刀**　クサナギの大刀は、クサナギの剣と表示されることが多い。また、『日本書紀』には、天叢雲剣と記載されている。このクサナギの剣は、珍しきものとして北部九州・筑紫倭国にいた姉の天照大御神に渡されて、いまでは、三種の神器となり、熱田神宮にて祭祀されていると発表されている。

次にハヤスサノヲの命は、妻のクシイナダ姫と二人で住む宮を作って、歌を作られた。その歌は、

八雲立つ　出雲八重垣　妻籠みに　八重垣作る　その八重垣を

① **八雲立つ**　この雲とは、青銅器を鋳造するために必要な木炭を焼く時にでる炭焼きの煙を、雲に喩えた言葉になっている。ということは、ハヤスサノヲの命は、台風追放祈願祈禱の祭器である銅剣・銅矛・銅戈・銅鐸の現物の他に、祭器の青銅器を鋳造す

るための原材料を持参していたことになる。

②　**出雲八重垣**　この時の出雲八重垣とは、ハヤスサノヲの命と妻のクシイナダ姫との住まいの宮を、十重二十重に取り囲む炭焼きの煙が立ち昇る状況を喩えた言葉である。この出雲の喩え言葉が、地名の出雲になっていったのである。しかし、その当時の出雲は、現在の島根県の一部だけの出雲ではない。弥生時代の青銅器が出土する地方の大部分が、弥生時代では、出雲と呼ばれたであろうと推察されるのである。

その証拠になるのが、青銅器の分布である。弥生時代の鏡文化を持つ九州・筑紫倭国より東方の、静岡県までの広い地域の遺跡より出土している沢山の青銅器が、炭焼きの煙が立ち昇る出雲の証明になると推察される、それは、青銅器を鋳造するためには、沢山の木炭が必要になるからである。

次には、ハヤスサノヲの命は、クシイナダ姫と一緒に、クシイナダ姫の父の、足名椎神（アシナヅチの神）を呼び寄せて、三人で力を合わせ、木花知流比賣文様の銅鐸を始めとして、次々に新しい文様の銅鐸を作ったと記録されている。これらの文様の解説は、原田大六氏の『銅鐸への挑戦』に詳しく記述されているのである。その銅鐸文様の最後に出てくるのが、大国主神である。

この大国主神のまたの名は、大穴牟遲神と葦原色許男神と八千矛神と宇都志国玉神と、合わせて五つの名がある。

① **大穴遅神**　オオアナムヂの神とは、大きな穴を持つ銅鐸の名称である。出雲地方を治める大国主神は。この大きな銅鐸をもって、ハヤスサノヲの命から伝授された、ヤマタノヲロチ台風退治追放祈願祈禱を、実行していたと推察される。銅鐸が何故ヤマタノヲロチの追放に、効果があると信じられていたのかについては、中国でも朝鮮半島でも小銅鐸が魔よけの道具として使用されている。特に朝鮮半島では、マムシ除けに使用されているので、その延長とみられる。

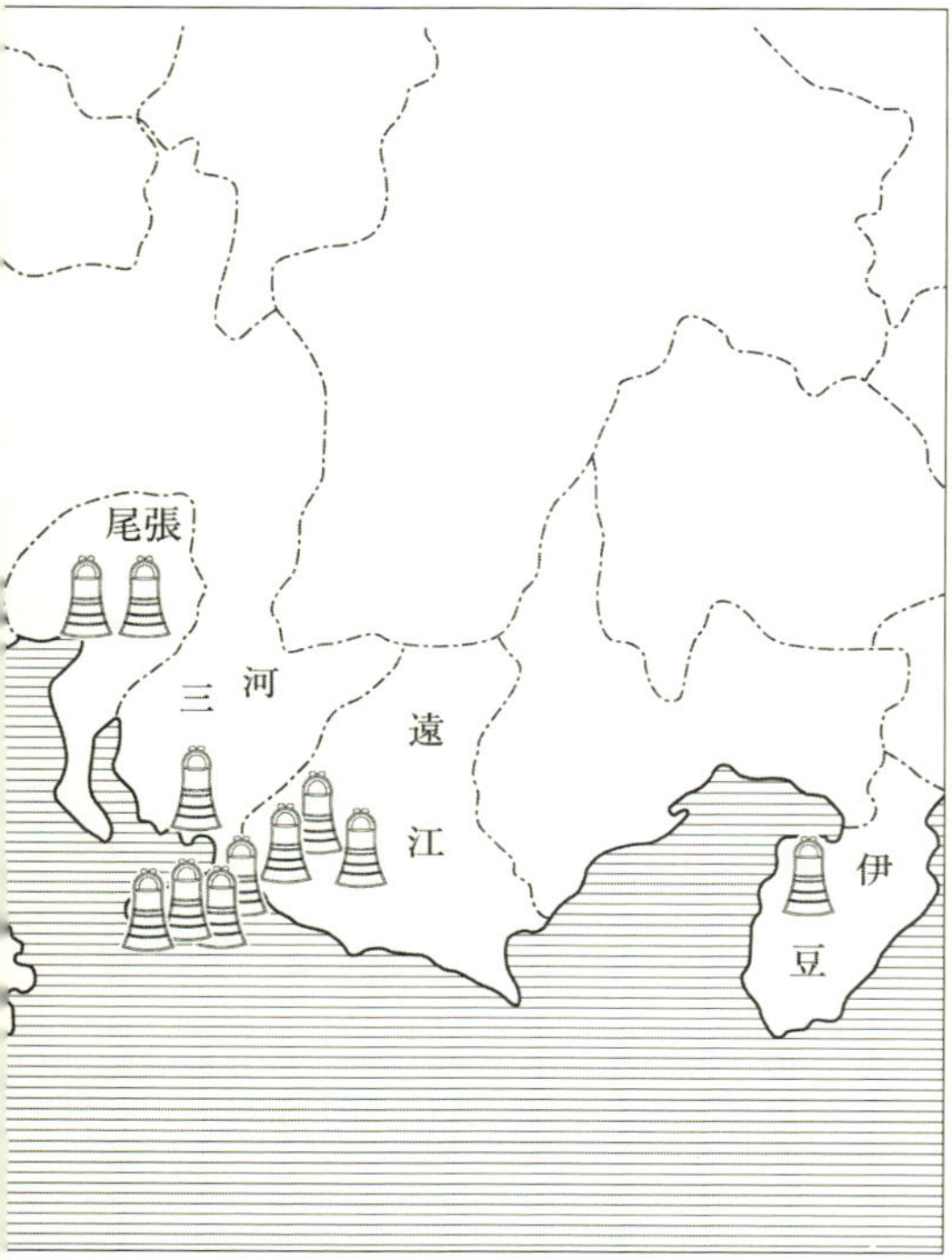

② **八千矛神**　ヤチホコの神とは、八千本の武器（剣と矛と戈と合わせて）のことである。出雲地方を治める大国主神は、この八千本の武器を持って、ハヤスサノヲの命から伝授された、ヤマタノヲロチ台風退治追放の祈願祈禱をも、実行していたと

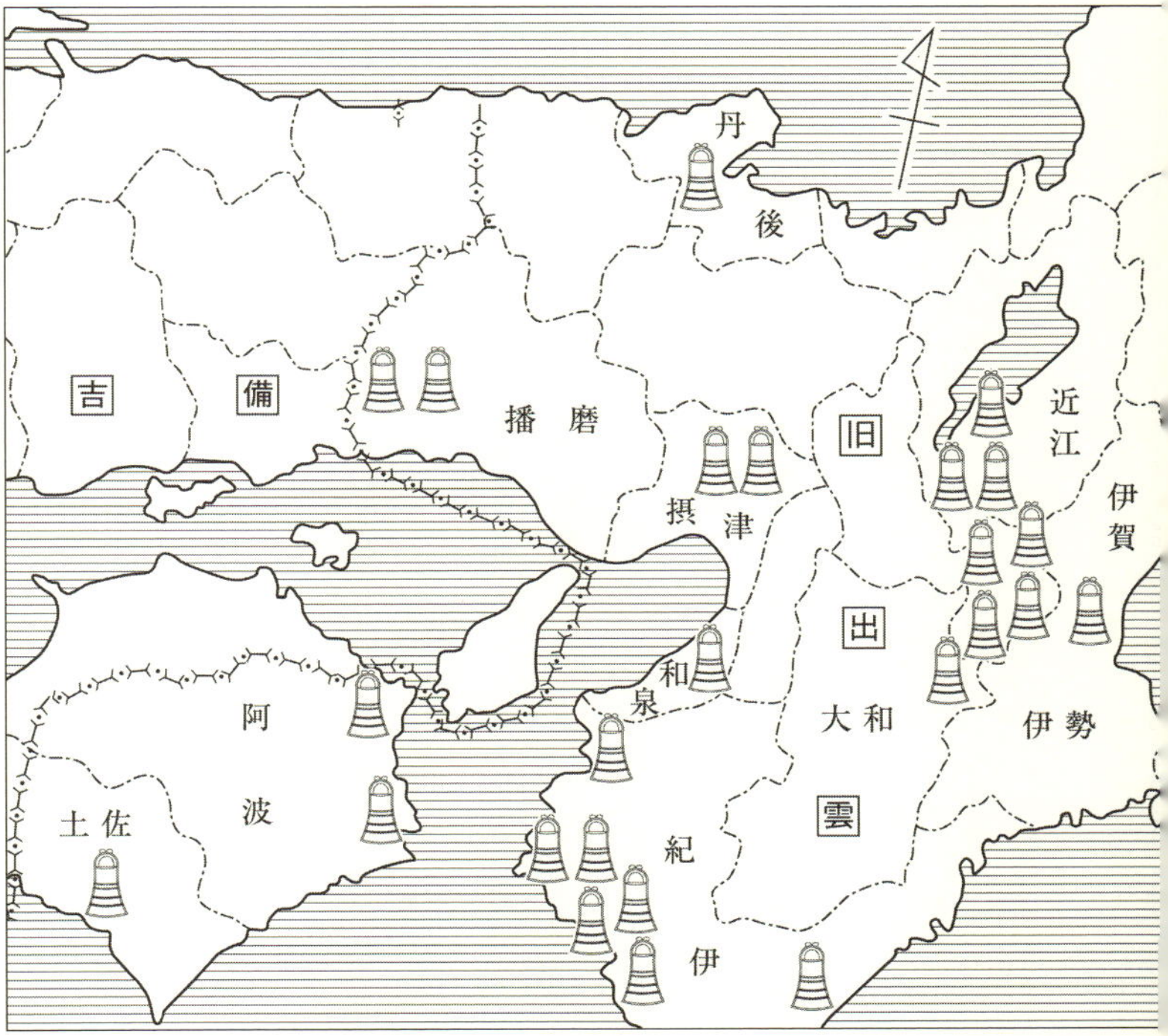

旧出雲国にいた大国主・大穴持神（巨大銅鐸の分布図）

推察されるのである。

③　右の情報を知ることによって、弥生時代の鏡文化を持つ九州・筑紫倭国から見れば、出雲倭国は、青銅祭器を購入してもらえる良いお客様であったことが分かるのである。

このように、九州・筑紫倭国と出雲倭国との関係は、持ちつ持たれつの、順調な発展を見てきたのである。

しかし、出雲倭国では、出雲倭国より東北の地方にいる、青銅祭器を信用しない八十神達がいて、出雲倭国のオオアナムヂの神や、ヤチホコの神に対して色々な悪さをしかけてきたのである。その東北地方の八十神達の迫害は日毎に強さを増してきて、このような状態が続けば、「遂に出雲は、八十神達の為に滅ぼされなむ」と言われる状況になってしまった。

そこで、この悪い状況を解決するためにオオアナムヂの神は、スサノヲの命の身元に行って助けを求めた。その結果、スサノヲの命の娘のスセリ姫の力を借りて、オオアナムヂの神は、八十神達から勝ための訓練を、スサノヲの命から受けたのである。その訓練の甲斐あって、出雲倭国の神達は、東北地方の八十神達を出雲倭国から追放することができて、大勝利することができたのである。

この大勝利の御礼に、大国主神やヤチホコの神は、倭の国《やまと》へ上られた、と記録されている。上られた先は、九州・筑紫倭国の胸形であった。この胸形で、大国主神は、タキリ姫の命を娶って生まれた子は、アヂスキタカヒコネの神とシタテル姫の命である。またこの時に、事代主神も生まれたと記録されている。このようにして、倭国の世の中は安定したのである。

しかし、このようにして、倭国の世の中は安定した。と安心している出雲倭国へ、突如巨大台風の鳥鳴海神が直撃してきたのである。

鳥鳴海神・トリナルミの神とは、台風の中に巨大な巨鳥がいて、その巨鳥の巨大な羽ばたきによって、大海が怒涛の如く鳴き叫ぶさまを喩えた、喩え言葉である。突如としてここで、台風ヤマタノヲロチと違う、台風鳥鳴海神が直撃してきたということは、台風ヤマタノヲロチ退治の祈願祈禱も、台風ヤマタノヲロチ追放の祈願祈禱も役に立たなかったからであろう、『古事記』には、この台風鳥鳴海神の直撃をうけた被害状況が、沢山の喩え言葉によって記録されているのである。その記録を原田大六氏は、『銅鐸への挑戦』四巻の一六七ページから、次のように解説されている。意訳の中の括弧内は、喩え言葉である。

『古事記』台風直撃の実況報告の段の意訳

大国主の旧出雲は平和な日々がつづいていた㈠ヤシマムヂ)。だがその平和も巨鳥の羽ばたきと奇声をあげる台風によって破られた㈡トリミミ)。巨鳥の羽ばたきは更に強まり、ごうごうと海はうなり出した㈢トリナルミ)。すざまじい風は豪雨となり、日当たりのよい南向きの田は水びたしになった㈣ヒナテルヌカダビチヲ)。水は濁流となってこちらへ押し寄せてくる㈤イコチニ)。更に濁流は集落の富である穀倉も、植えつけてある水田も、その中に呑みこんだ㈥クニオシトミ)。

出雲倭国が、右の記録のように、台風鳥鳴海神の直撃によって、大きな被害を受けたので、大国主神が、その台風被害の復興を思案している時に、

海を光して依り来る神ありき。

と記録されている。

① 海を光して　海を光《てら》して来る神とは、日神の天照大御神のことである。しかし、日神の天照大御神が直接来訪することはない。

ここでは、日神の天照大御神を信仰する北部九州・筑紫倭国から、日神・天照大御神の御神体である鏡を船に乗せ、日の光を鏡に受けて海をテラしながら、天照大御神を信仰する一行が、出雲倭国の台風鳥鳴海神被害の復興支援のために、北部九州・筑紫倭国からやってきたのである。そして、「吾をば倭の青垣の東の山の上に伊都岐奉れ。」といったと、記載されている。

② その東の山の上　とは、御諸山の上に坐す神とも記載されている。御諸山とは、三輪山のことである。この三輪山の上に奉られる神とは、日の出の太陽であり、天照大御神のことである。日の出の太陽を奉るということは、日の出の太陽を観測して、一年

間の暦を知ることである。暦を知るということは、一年間の計画を立てて、新しい農作業を行うことができる、生活改善の第一歩である。この暦を知る知識を伝授したことが、北部九州・筑紫倭国からの第一の援助であった。

次には、一六柱の神の中にある喩え言葉の名称で、復興支援の物語が記録されている。その中から、五柱の神の喩え言葉の名称を意訳しよう。

① 次に**御年の神**　三年の神のことである。農村では、桃栗三年柿八年という喩え言葉が残っている。三年の神とは、桃と栗のことである。その桃と栗を植える支援をしたのである。

② 次に**奥津比賣命**　「此は諸人の以《も》ち拝く竈《かまど》の神」と記載されている。竈の改善を支援したのである。

③ 次に**大山咋神**　「咋」とは、くうくらうという意味である。「大山喰」とは、大きな山で獣狩りをして、食料を確保することである。その支援をしたのである。

④ つぎに**庭津日神**。次に**阿須波神**　「庭の日の神」とは、庭にある尊い穀倉のことである。その尊い穀倉にネズミが来ないように付けられたのが、ネズミ返しの阿須波神である。そのネズミ返しを教えたのである。

⑤ 次に**大土神**　「亦の名は土之祖神」と記載されているこの記録は、大土木工事を支

援した事の記録である。

この他にも、八神の喩え言葉の名称で、出雲倭国の台風鳥鳴海神被害の復興支援の、喩え言葉物語りが記録されているのである。

このようにして、九州・筑紫倭国も出雲倭国も、平和な生活が出来るようになったと、安心している所へ、とんでもない巨大台風タケハヤスサノヲが、今度は九州・筑紫倭国を直撃したのである。

九州・筑紫倭国を直撃した、台風のタケハヤスサノヲと対決された、人間の天照大御神の記録が、『古事記』の中にある第二ブロックの記録であった。そこには、倭国・日本人の実在した歴史が、一番最初に記録されているのである。

『古事記』の中にある、日本人の実在の歴史として、一番最初の記録であるこの第二ブロックの記録こそ、日本国家の起原といえるほどの重要な記録であった。

①　「人間の天照大御神」がお隠れになった記録、この悲しい事件が、倭国・日本の歴史を大きく変えることになったのである。

その日本の歴史を大きく変えた原点は、台風追放の神器である銅剣・銅矛・銅戈・銅鐸の神の力が信用されなくなったことである。

なぜ信用されなくなったのか、これについて出雲倭国では、巨大台風の鳥鳴海神を退治することも、追放することも出来なかった結果であり、重ねて北部九州・筑紫倭国では、倭国の頂点に立つ天照大御神が、巨大台風タケハヤスサノヲの直撃を受けてお隠れになった結果である。この二つの巨大台風の直撃による膨大な被害状況をみて、大衆は台風追放の神器である銅剣・銅矛・銅戈・銅鐸の力を信じられなくなった。その結果、この四種の青銅祭器の流通が、止まってしまったのである。

② 九州・筑紫倭国は、台風追放の神器である銅剣・銅矛・銅戈・銅鐸を広めることによって、この四種の青銅祭器の流通利益を持って、国の運営を行ってきたのである。しかし、この四種の青銅祭器の流通が止まってしまうと、九州・筑紫倭国の運営が成り立たなくなってしまうのである。国の運営に困った九州・筑紫倭国の指導者は、国を運営するために、倭国の住民に対して租税と賦役を願ったと推察される。このことが分かるのは、二世紀後半の倭国の乱が終わった後の、三世紀の『魏志』倭人伝の中に、次のように、

倭人は租税を納め、賦役に従っているが、そのための倉庫がある。

と記載されている。この租税と賦役を施行するための乱が、倭国の乱であったであろう。

『古事記』では、第四ブロックの、ハヤスサノヲの命の活躍物語のなかで、四種の青銅祭器の流通が止まってしまった。その歴史の延長として実在した、倭国の乱を「葦原中国の平定」として記録しているのである。その葦原中国は出雲倭国のことである。

その書き出しは、

天照大御神の命以ちて、「豊葦原之千秋長五百秋之水穂国は、我が御子、正勝吾勝勝速日天忍穂耳命の知らす国ぞ。」と言因さし賜ひて、天降したまひき。

とある。

① この中では、正勝吾勝勝速日天忍穂耳命。通称アメノオシホミミの命の存在が大きな問題である。アメノオシホミミの命は、天孫降臨の一代目のホノニニギの命の父である。その時代は、四種の青銅祭器の流通も順調で、筑紫倭国も出雲倭国も、持ちつ持たれつの平和な状況にある。その三代後で倭国の乱になるのである。その倭国の乱の年代は、天孫孫臨・三代目の女王天照大御神がお隠れになった後である。このように分

かってみると、第四ブロックは、台風追放祈願祈禱師ハヤスサノヲの命の活躍と、四種の青銅祭器の流通関係の歴史を主体にして見た歴史が記録されている。

これに対し、第五ブロックは、天皇の先祖の系図とその事績関係を主体にして見た歴史が記録されているのである。これによって、第四ブロックと第五ブロックは、連続した歴史の記録でないことが分かる。この結論として言えることは、「葦原中国の平定」の中にある、天孫降臨関係の名称は削除されるべきである。

この「葦原中国の平定」の後半にあった喩え言葉を、少しだけ意訳しよう。

筑紫倭国の天照大御神から派遣された、建御雷神は出雲国の伊那佐の小濱に降り到りて、十掬劒を抜きて、逆に浪の穂に刺し立て、其の劒の前に趺み坐して、其の大国主神に問ひて言りたまいしく。

と記載されている。右の意訳。

① 劒を抜きて「逆に浪の穂に刺し立て」の中の「劒を抜きて逆にして」とは、剣の切っ先を上にしての意味。次の「浪の穂に刺し立て」とは、出穂時の稲穂の波のように剣を立てて（出穂時の稲穂は剣を立てたように、まっすぐに出ている）という喩え言葉

である。この中で波とあるのは、沢山の本数の喩えである。

② これを通して意訳すると、「建御雷神は、出穂時の稲穂の波のように、沢山の剣を抜き立てた軍隊を引き連れて、その前に坐して、出雲倭国の大国主神に向かい、国譲りの交渉をした。その結果は、成功した」と記録されているのである。

ここまでが、『古事記』に記録されている、「天孫降臨」以前の記録であり、倭国の歴史物語である。

次からが、本著書の主眼である、「日本国家の起原と実在した天孫降臨」の究明とその実証である。

第二章　『古事記』の天孫降臨を読む

天孫の誕生

『古事記』の天孫降臨は、「邇邇芸命」「1天孫の誕生」の条から記録されている。そこで、天孫降臨を究明するために「1天孫の誕生」の条から読み進みながら考察し究明していくことにする。

◎『古事記』の天孫降臨を読み解くにあたって、私は、三つの問題点を選び出した。その問題の一は、「天照大御神の実在」の有無である。

天照大御神とは、なんであるのか、日神なのか、または天皇（大和朝廷）の祖神なのかという問題がある。その天照大御神の実体の中に人間の天照大御神の存在が実証でき

天照大御神の太子
正勝吾勝勝速日天忍穂耳命（通称　アメノオシホミミ命）
高木神の女
萬幡豊秋津師比賣命（ヨロヅハタトヨアキヅシヒメの命）
天照大御神の孫
天彌岐志国彌岐志　天津日高日子番能彌彌芸命
（通称　ヒコホノニニギの命）

るならば、それは歴史の解明になると推定されるのである。

問題の二は、「天孫の天降りの実在」の有無である。

その天孫の天降りとは、天孫降臨の事であり、その天孫の天降りは、天上界から地上への天降りなのか、あるいは、地上から地上への天降りなのかを解明したい。

問題の三は、「をきし八尺勾璁・鏡・草那芸剣の実在」の有無である。

これは、「天孫降臨」の「天」である天照大御神から、その孫のヒコホノニニギの命に渡された「をきし八尺勾璁・鏡・草那芸剣」が実際に存在したのか、存在しなかったのかについて考察していきたい。

『古事記』の「爾爾芸命　1天孫の誕生」の条は、

爾に天照大御神【問題1】高木の神の命以ちて、太子（ヒツギノミコ）マサカツアカツカチハヤヒアメのオシホミミの命に詔りたまひしく、「今、葦原の中つ国を平け《ことむ》訖《おへ》ぬと白せり。故、言依《ことよ》さし賜ひし随《まにま》に、降《くだ》り坐《ま》して知らしめせ。」とのりたまひき。爾に其の太子マサカツアカツカチハヤヒアメのオシホミミの命、答へ白したまひしく、「僕《あ》は降らむ装束《よそひ》しつる間に、子生《あ》れ出でつ。名はアメニキシクニニキシアマツヒコヒコホノニニギの命ぞ。此の子を降すべし。」とまをしたまひき。此の御子は、高木の神の女《むすめ》、ヨロヅハタトヨアキヅシヒメの命に御合《みはい》して、生みませる子、アメのホアカリの命。次にヒコホノニニギの命なり。是《ここ》を以ちて白したまひし随に、ヒコホノニニギの命に詔科《みことおほ》せて、「此の豊葦原の水穂の国は、汝《いまし》知らさむ国ぞと言依さし賜ふ。故、命の随に天降るべし【問題2】。」とのりたまひき。

とある。

問題1　「天照大御神の実在」について

ここで、天照大御神とは何かを、いくつかの辞書や書籍の中から見てみたい。そしてそのことによって天照大御神がどのように理解されていたのかを究明していこう。

『日本国語大辞典』（二〇〇一年第二版第五刷発行、小学館）には、

あまてらす‐おおみかみ［天照大神・天照大御神］高天原の主神。日神。イザナキの尊の娘。弟のスサノオの尊の粗暴なふるまいを怒って天の岩屋戸に隠れた神話や、日月離反の神話が伝わる。伊勢皇太神宮にまつられ、皇室の祖神として崇拝されてきた。大日孁貴（おおひるめのむち）。

とある。これによると、

1）まず「天上他界の主神日神」とある。これは、日神（太陽）の天照大御神のことである。

2）そして、皇室の祖神の大日孁貴と呼ばれた天照大御神がいたことも分かる。その皇室の祖神とは、皇室の先祖のことであり、その皇室も皇室の先祖も人間である。これによって、人間の天照大御神がいたことが分かる。

3）皇室の先祖のことを、なぜ皇室の祖神と記載されているのであろうか、ここで特

に注意しなければならないのは、祖神の神という文字の意味である。日本では、古代から現代にいたるまで人物を含む、宇宙に存在する全てのものに対して、特に力《ちから》があると認められたものには、神といふ名称が付けられている。その神には、善神もあれば悪神（鬼神）もある。力が認められれば、全て神と記載されている。

『国語大辞典』（一九九五年第一版新装版第五刷、小学館）には、

おおひるめ・の・むち　おほひるめ……［大日孁貴］（「ひるめ」は、「日の妻《め》」の意という。「むち」は尊称）天照大神（あまてらすおおみかみ）の別称。

とある。これによると、

1）「日の妻《め》」とは、「太陽の妻」という意味があり、大日孁貴と呼ばれた日神（太陽）の妻となれる人間の天照大御神がいたことが分かる。その太陽の妻とは、太陽と精神的に一体になれる人間のことである。歴史の記録ではその太陽と一体になれる人の名称を、

イ、大日孁貴（紀・天照大神のまたの名）

ロ、玉依姫（記・ウガヤフキアエズの命の妻であり、カムヤマトイワレビコの命の母）。

その玉依姫の玉とは日神の魂《たま》のこと、依るとはヨリマシの意味があり、ヨリマシとは祈禱師が神霊を招き寄せて乗り移らせたり宣託を告げさせたりすることであり、依姫とは祈禱する女性のことである。

ハ、活玉依姫（紀・崇神天皇御代）ニ、卑弥呼（日巫女）（『魏志』倭人伝）などの記載がある。

『世界大百科事典』（一九八〇年四月二十五日発行、平凡社）には、

いせじんぐう　伊勢神宮　祭神は天照大神。神体は八咫鏡《やたのかがみ》

とある。これによると、

1）伊勢神宮の御神体である、八咫鏡の天照大御神があることが分かる。

『神宮』（神宮司庁編集、第六一年神宮式年遷宮をひかえて」一九八六年）には、

「みおやの神」天照皇大御神（アマテラススメオオミカミ）は、文字が示すように、天を照らす太陽を象徴する。しかし、太陽そのものを神とするのではなく、太陽に

たとえられるような偉大な明るい立派な民族の祖神をおまつりするのです。

とある。これによると、

1）天照大御神は、太陽の象徴である。

2）伊勢神宮では、天照大御神を民族の祖神として祭祀されている。ということは、民族の祖神として人間の天照大御神が祭祀されている。

前記の資料の天照大御神を次のようにまとめると。

天照大御神とは、天上界の主神であり、日神（太陽）の天照大御神である。

天照大御神とは、皇室の祖神であり、人間の天照大御神がいた。

天照大御神とは、日神（太陽）の妻であり、大日孁貴と呼ばれた、人間の天照大御神がいた。

天照大御神とは、伊勢神宮で祭られている、八咫鏡の天照大御神がある。

以上のように、いろんな天照大御神が記述されている。

「天照大御神の実在」に対しては、以下のように考えられる。

「天孫降臨」の天に相当する天照大御神は、天皇（皇室）の祖神に相当する人間の天照大御神であると推定される。その訳は、天降りするヒコホノニニギの命に、天孫の天に相当する天照大御神から三種の宝物が渡されている。この時の三種の宝物は、後継者の天皇家に渡されて後世では三種の神器と呼ばれて現代に至るまで、天皇の皇位継承には必ず必要な神器になっている。（三種の神器の歴史の記録は第三章で詳細に考察する。）

その記録されている三種の神器と、これに類似する三種の宝物「勾玉・鏡・剣刀」が、弥生時代の王と推定される四遺跡から、現実に出土しているのである。このことについては、第三章と第四章で詳しく考察し検証する。

この「勾玉・鏡・剣刀」の三種の宝物を尊重する文化は、弥生時代に発生した日本独特の文化であり、日本の国の地上で発生した日本国家の起原を証明する最大の証拠物件である。弥生時代に日本の国で発生した、「勾玉・鏡・剣刀」を尊重する文化の中から後世「三種の神器」になった「ヤサカノ勾璁の五百津の御須摩流の珠・八咫鏡・草那芸剣」を選びだし・日神を信仰する天照大御神から、後継者に渡すことができたのは、人間の天照大御神が実在していたからである。

問題2　「天孫の天降りの実在」について

訓み下し文の中の、「故、命の随に天降るべし」を通して考えてみたい。

天降りには、二つの理解のしかたがある。

①　**天照大御神**の居場所は、高天原（天上界・現天空）のことであり、人が天上界の天空から地上に降りてくることは、現実にはあり得ないことであると理解して、日本神話における天孫降臨は史実とみなすことはできない、という考え方もある。

②　一方では、天照大御神は幾つもの名を持つ神だから、天上界（現天空）にいる日神の太陽である天照大御神のときも、地上界に居る祖神の人間の天照大御神のときも、天照大御神の居場所は、全て高天原と表現されている。

この高天原とは、神の居場所であり精神文化に属することなので科学的に証明ができるものではない。そこでこの問題は、証拠を集めて慎重に検証する必要がある。

1、天照大御神を、日神の天照大御神も祖神の天照大御神もその居場所は高天原であり、これを全て天上界（現天空）のこととして読むと、天孫降臨は史実ではないことになる。

2、①の記述の中の、天照大御神を祖神（人間）の天照大御神と理解し、人間の天照大御神の居場所である高天原、これを地上界として理解すると、この天降りは、地上から地上への移動であることが理解できる。これが分かれば、天孫降臨は史実と見なすことができる。

次に、その「天降り」の例を『古事記』の記録の中から探してみよう。

『古事記』の神代史の中にある天降りの例を、以下で読んでいきたい。

例の1、『古事記』の「天照大御神と須佐之男命　6須佐之男命の大蛇退治」の条には、

爾に速須佐之男《はやすさのを》の命、其の老夫に詔りたまひしく、「是の汝が女をば吾に奉らむや。」とのりたまひしに、「恐《かしこ》けれども御名を覚らず。」と答へ白しき。爾に答へ詔りたまひしく、「吾は天照大御神の伊呂勢（弟）なり。故今、天より降り坐《ま》しつ。」とのりたまひしき。

とある。そしてまた、その後のハヤスサノヲの命と天照大御神との関係記述には、

御刀の前以ちて刺し割きて見たまへば、都牟刈の大刀在りき。故、此の大刀を取りて、異しき物と思ほして、天照大御神に白し上げたまひき。是は草那芸の大刀なり。

とある。ここでの「吾は天照大御神の伊呂勢（弟）なり。故今、天より降り坐しつ。」の記述も神代史の天降りの記録であり、この中の天照大御神とハヤスサノヲの命の関係は、姉弟と記述されている。

イ、その姉の天照大御神の居場所である「天」、これを天上界（現天空）として理解すると、この記述は史実ではないことになる。

ロ、右記に反し、姉の天照大御神の居場所である「天」、これを地上界として理解すると、ここでの天降りは地上から地上への移動であり、この記録は史実になる。その物的証拠としては、ハヤスサノヲの命から天照大御神に渡された草那芸の大刀がある。その後この草那芸大刀は草那芸剣と呼ばれて、三種の神器になったと記録されている。それゆえにここでの天降りも、地上界のできごとであり、地上から地上への移動であると推定される。

例の2、『古事記』の「大国主神　5須勢理毘売の嫉妬」の条には、出雲より倭国《やまとのくに》に上《のぼ》り坐さむとして。

と記述されている。ここに記載されている「上」りは、出雲から倭国へいくことを「上」りとされている。この「上」りは、現在では出雲から主都の東京へいくことを上りということと同じ意味がある。ここでの「上」りも、地上から地上への移動を意味する。

「天孫降臨の天降りの実在」に対する解答

①、私は、前記の資料を考察した結果、天孫降臨の天降りは、天上界（現天空）から地上への天降りではなくて、「地上にある高位の国から新しい国へ移動すること」であると推定するのである。その訳は、前記の資料の中の、ロに記載されているように「その物的証拠」としては、ハヤスサノヲの命から姉の天照大御神に渡された草那芸の大刀がある。この中の草那芸の大刀は、後で草那芸剣と呼ばれる三種の神器の一つであって、日本の歴史の中で確かな物的証拠になり得ると推定されるからである。

猨田毘古神

『古事記』の「猨田毘古神《さるたひこ》」の条には以下のようにある。

爾にヒコホノニニギの命、天降りまさむとする時に、天の八衢《やちまた》に居て、上は高天の原を光《てら》し、下は葦原中国を光す神、是に有り。故爾に天照大御神、高木神の命以ちて、アメのウズメの神に詔りたまひしく、「汝は手弱女人にはあれども、い対《むか》ふ神と面勝《おもか》つ神なり。故、専ら汝往きて問はむは、『吾が御子の天降り為《す》る道を、誰ぞ如此《かく》て居る。』ととへ。」とのりたまひき。故、問ひ賜ふ時に、答へ白ししく、「僕は国つ神、名はサルタビコの神ぞ。出で居る所以は、天つ神の子天降り坐すと聞きつる故に、御前に仕へ奉らむとして、参向へ侍ふぞ。」とまうしき。

（ア）上は高天原を光《てら》し下は葦原中国を光す神・サルタビコの神。

① **サルタビコの神**は、高天原のことも葦原中国のことも、その両方のことを光すとは良く知っている神であると記述されている。

② サルタビコの神は、ヒコホノニニギの命の天降りにさいして、道案内を願っている。

『古事記』の「天孫降臨」の条　その1

「天孫降臨」の条の前半は次の通り。

爾にアメノコヤネの命、フトダマの命、アメノウズメの命、イシコリドメの命、タマノヤの命、幷《あわ》せて五伴緒《いつとものを》を支《わか》ち加へて、天降したまひき。是に其のをきし八尺《やさか》の**勾璁・鏡・及草那芸剣**【問題3】、亦トコヨのオモヒカネの神、タヂカラヲの神、アメのイハトワケの神を副へ賜ひて、詔りたまひしく、「此れの鏡は、専ら我が御魂として、吾が前を拜《いつ》くが如伊都岐《いつき》奉《まつ》れ。次に、オモイカネの神は、前の事を取り持ちて、政為《まつりごとせ》よ。」とのりたまひき。此の二柱の神は、佐久久斯侶、伊須受能宮に拜き祭る。次にトヨウケの神、此は外宮の度相に坐す神ぞ。次にアメのイハトワケの神、亦の名はクシイハマドの神と謂ひ、亦の名はトヨイハマドの神と謂う。此の神は御門の神なり。次にタジカラヲの神は佐那那県《さなながた》に坐す。故、其のアメのコヤネの命は、中臣連等の祖。フトダマの命は忌部首等の祖。アメのウズメの命は、猨女君等の祖。

イシコリドメの命は、作鏡連等の祖。タマノヤの命は、玉祖連等の祖。

とある。

問題3 「をきし八尺勾璁・鏡・草那芸剣の実在」について

(一) 「をきし八尺勾璁」とは

『古事記』の頭注に、

をきしは、招きしで、天照大御神を天の石屋戸から招き出したの意。璁と鏡にかかる。

とある。

1) をきし八尺勾璁とは、天照大御神を天の石屋戸から招きだした、意味のある勾璁のことである。

２）天照大御神を天屋戸から招き出した記録は、『古事記』の神代史の第二ブロックで人間の歴史としては、最初に記録されている。次には、その台風タケハヤスサノヲの直撃を受けてお隠れになった、天照大御神の記録を考察する。

『古事記』「天照大御神と須佐之男命　４天の石屋戸」の条を要約する。

ハヤスサノヲの命の悪行によって、天照大御神が天の石屋戸にお隠れになったので、世の中が皆暗くなった。そこで、天照大御神を天の石屋戸から招きだすための神器として、イシコリドメの命が鏡を作り、タマノヤの命が八尺《やさか》の勾璁の五百津の御須麻流の珠を作った。次に占いをたて、五百津眞賢木の上枝に八尺の勾璁の五百津の御須麻流の珠を取りつけ、中枝に八尺鏡《やあたかがみ》を取りかけ、下枝に白ニギテ、青ニギテを取り垂でて、これをフトダマの命が布刀御幣として、天の石屋戸のまえでアメノウズメの命が神がかりして舞い踊り、その結果天照大神を天の石屋戸から招きだすことに成功した。

とある。

私は、前記の要約文によって、八尺《やさか》の勾璁を次のように理解する。
1）八尺の勾璁は、八尺の勾璁の五百津の御須麻流の珠のことである。
2）この八尺の勾璁五百津の御須麻流の珠は、天照大御神を天の石屋戸から招きだす神器として使われた。
3）石屋戸開きが成功した。その結果として、この八尺の勾璁の五百津の御須麻流の珠はその後、三種の神器になっている。

（二）「をきし勾璁・鏡・草那芸剣」の「鏡」とは

この「鏡」も、先の「をきし八尺勾玉璁の五百津の御須麻流の珠」と同じように、『古事記』の頭注には、

「をきし」は、招きしで、天照大御神を天の石屋戸から招きだした意。璁と鏡にかかる。

とある、その天照大御神を天の石屋戸から招きだした鏡のこと。

1)『古事記』では、「八尺鏡」(八尺を訓みてヤアタと云ふ。)と記載されている。

2)『日本書紀』神代上　第七段(一書第三)の条には、天石窟《あまのいはや》開きの時の「鏡」を、次のように記述されている。

天香山の眞坂木《まさかき》を掘《ねこじに》して、上枝には、鏡作りの遠祖天抜戸《あまのぬかと》が児《こ》石凝戸邊《いしこりとべ》が作れる八《や》咫鏡《たのかがみ》を懸け、……

とある。

このように『日本書紀』では、この鏡を「八咫鏡《やたのかがみ》」と記載されている。

3)『古事記』には、前記のように、

此れの鏡は、専ら我が御魂として、吾が前を拝くが如伊都岐奉れ。

とある。

私は、前記の資料によって、この鏡を次のように理解する。

1)この鏡は、『記・紀』に記録されている八尺鏡・八咫鏡である。

2）八咫鏡は、天照大御神を天の石屋戸から招きだす神器として使われた。

3）天の石屋戸開きが成功した。その結果として、この八咫鏡はその後三種の神器になっている。

4）前記の「此れの鏡は、専ら我が御魂として、」の意味は、この鏡（八咫鏡）は、天照大御神の御魂代としての意味であり、この意味を付けて後継者のヒコホノニニギの命に渡されている。その後この八咫鏡は、伊勢神宮において、生ある天照大御神に仕えるように祭祀されていると、伊勢神宮の神宮司庁発行の『神宮』に記述されている。

（三）「をきし勾璁・鏡・草那芸剣」の草那芸剣とは

この「草那芸剣」の記事は、『古事記』の神代史の中では、五穀の渡来の次の第四ブロックに記録されている。

『古事記』の中の「草那芸大刀（剣）」の記事がある、「天照大御神と須佐之男命　6須佐之男命の大蛇退治」の条の要約、

天照大御神の弟のハヤスサノヲの命は、クシナダ媛が大蛇・八俣遠呂智《やまたおろち》に食われそ

うになった時に、クシナダ媛を助けて、大蛇・八俣遠呂智を切った。その大蛇の尾の中からでたのが草那芸の大刀である。この大刀は珍しき物として、ハヤスサノヲの命の姉の天照大御神に差し上げた。

とある。（注・大蛇のヤマタノオロチとは、古代の人々が「台風」に付けた名称である（拙著『日本国家の起原と銅剣・銅矛・銅戈・銅鐸の謎』）。その台風の中に大蛇はいない、しかしこれが精神文化的な喩えであって、現代でも「竜巻」の中に竜がいなくても、竜巻ということと同じである。また大蛇の尾を切るということは、台風の被害で山の尾根が切れて崖崩れがおきた、その中から草那芸の大刀が発見されたということである。）

私は、前記の資料によって、この草那芸の大刀を次のように理解する。

1）草那芸の大刀は、後で草那芸剣と呼ばれるようになった。

2）草那芸剣は、珍しきもの（珍宝）として天照大御神に差し上げられた。

3）草那芸剣はその後、天照大御神から後継者に渡されて三種の神器になっている。

（詳細は、第三章で検証する。）

現在は、熱田神宮にあって丁重に祭祀されている。

（四）高天原から天孫降臨の時に渡された三種の神器。

①「古事記」の「爾爾芸命　３天孫降臨」の条には
高天原にいた天照大御神は、孫のヒコホノニニギの命に、「をしき八尺勾璁・鏡・草那芸剣」を持たせて天降りさせた。

とある。この記述を読んでの答えには、精神文化的で無い読みかたの答えと、精神文化的な読みかたの答えがある。

◎　精神文化的でない読みかたとしては、高天原は天上界（現天空）のことであり、天上界（現天空）の天からの天降りは、実質的には認められないので、①の記述は、史実ではないということになる。

◎　これとは別に、精神文化的な読みかたをすると以下のようになる。
天照大御神の神格は、天上界（現天空）の日神であり、地上界の皇祖神でもある。この統一された天照大御神の居場所を、天上界（現天空）も地上界も含めて、天照大御神の居場所は全て高天原と表記されていると理解される。それは、天孫降臨のとき、高天原にいた天照大御神からヒコホニニギの命に「をきし八尺勾璁・鏡・剣刀」の実物が渡せるのは、地上界のできごとである。その意味で、①の記述を読むとこの記述は、地上界のできごとであり当然、史実の反映であると推定されるのである。

さらに、精神文化的な読みかたの答えを補強すると、以下のように考えられる。天孫降臨の条に記述されている、「をしき八尺勾璁・鏡・草那芸剣」は、「ヤサカの勾璁の五百津の御須麻流の珠・八咫鏡・草那芸剣」のことであり、三種の神器といわれている。その中でも特に八咫鏡は、天照大御神の御魂代である。伊勢神宮では、この八咫鏡に対して、現在でも生ある天照大御神に仕えるように朝夕の食事が饗されているといわれている。

このように三種神器は、日本の歴史の中で多くの記録が残されている。これらによって、天照大御神より渡された三種の神器は、日本の歴史を証明する確かな証拠物件になっている。

一方、精神文化的で無い読みかたで①の記述を理解して、三種の神器をヒコホノニニギの命に渡した天照大御神を日の神と理解し、天孫降臨を天上界（現天空）から地上への天降りと読んで、日本神話における天孫降臨を史実と見なすことはできないと推定したならば、日本の歴史の中の証拠物件である三種の神器の記述は、今でも史実ではないことになる。

もし「三種の神器」が史実でないとなれば、天皇家の三種の神器も、伊勢神宮の八咫鏡も、熱田神宮の草那芸剣も歴史の中の証拠物件ではないことになる。私は、「三種の神器」は日本の歴史の中の、証拠物件であると確信する。

（五）【問題3】の「をきし八尺勾璁・鏡・草那芸剣」の実在の有無の回答

前記のように、「をきし八尺勾璁・鏡・草那芸剣」は、『古事記』の天孫降臨の条では、実在したように記録されている。そこで私もここまでは、それに沿って意訳してきたのである。しかし、実際に考古遺物によって確認できる三種の神器のうち、「八咫鏡とヤサカの勾璁五百津の御須摩流の珠」の二種の神器は、天孫降臨した後の三代目の女王の玉依姫・役職名大日孁貴またの名天照大御神の墓の副葬品として出土しているのである。

右の事実によってこの件は、次のように回答する。

① 天孫降臨の時に、天孫降臨以前の・祖神の天照大御神よりヒコホノニニギの命に

渡された三種の神器の内二種は、三種の宝物の「勾玉と鏡」であったであろうと、推察される。その詳細については後記する大日孁貴の墓の副葬品によって証明される。

② 三種の神器が確実に三種揃って、後継者に渡されるのは、天孫降臨の三代目の女王玉依姫・役職名大日孁貴またの名の天照大御神からである。

『古事記』「天孫降臨」の条 その2

「天孫降臨」の条の後半は以下のようになっている。

故爾にアマツヒコホノニニギの命に詔りたまひて、天の石位を離れ、天の八重たな雲を押し分けて、伊都《いつ》のちわきちわきて、天の浮橋にうきじまり、そりたたして、竺紫の日向《ひむか》の高千穂のくじふるたけに天降りまさしめき。故爾にアメノオシヒの命、アマツクメの命の二人、天の石靫を取り負い頭椎《くぶつち》の大刀を取り佩き、天の波士弓を取り持ち、天の眞鹿児矢を手挟み、御前に立ちて仕へ奉りき。故、其のアメノオシヒの命、アマツクメの命是に詔りたまひしく、「此地は韓国に向ひ、笠沙の御前を眞来通りて、朝日の直刺す国、夕日の照る国なり。故、此地は甚吉《いとよ》き地《ところ》。」と詔りたまひて、底津石根に宮柱ふとしり、高天の原に氷椽《ひぎ》たかしりて坐しき。

この天孫降臨の後半、については、いろんな資料が揃った最後に、第四章で詳細に検証することにしよう。

第二章のまとめ

①『古事記』の神代史は、喩え言葉を使った、精神文化的表現で記述されていることが多い。

② 問題1、「天照大御神の実在」の有無に対する回答は、前記したように天孫の天である天照大御神は、皇室の祖神であり、実在した人間の天照大御神であると推定された。

③ 問題2、「天孫降臨の天降りの実在」の有無に対する回答は、前記のように地上にある高位の国から新しい国へ移動することであると推定された。

④ 問題3「をきし八尺勾璁・鏡・草那芸剣の実在」の有無に対する回答は、前記のように「をきし八尺勾璁・鏡・草那芸剣」の内「をきし八尺勾璁と鏡」の二種は、神器ではなく宝物の「勾玉と鏡」であったと想定された。しかし、三種の宝物の中から発生した、三種の神器を尊重する精神文化は、天孫降臨の三代目の女王の墓の副葬品として完成しているのである。

⑤　日本の歴史の中で実在したと推定される。三種の宝物の中から、後世「三種の神器」と呼ばれた、「ヤサカの勾璁五百津の御須摩流の珠と八咫鏡と草那芸剣」は、天皇家の三種の神器として、天皇の継承に、なくてはならない神器とされている。このように、三種の神器は、日本の実在した歴史を証明する確かな証拠物件であると推定される。

もし「三種の神器」が、史実の証拠物件でないとするならば、天皇家の三種の神器も、伊勢神宮の八咫鏡も、熱田神宮の草那芸剣も歴史の中の証拠物件ではないことになる。そのようなことはない、私は、「三種の神器」は日本の歴史の中の、確かな証拠物件であると確信する。

第三章　天孫は伊都国へ降臨した

三種の神器と三種の宝物

三種の神器が、「日本国家の起原」の証拠物件であると確定されるためには、第二章で考察したように、天皇の皇祖神である天照大御神より後継者に渡された三種の神器が、その後の日本の歴史の記録の中で、現在に至まで、はたして証拠物件に成りうるだけの記録があり、「日本国家の起原」の証拠物件に成りうるだけの丁重な取扱がなされているのかどうかが、一番の重要事項になる。そこで第三章では最初に、その後の日本の歴史の中での「三種の神器」の記録を考察することにしょう。

つぎに、「日本国家の起原の歴史」を復元するためには、この「三種の神器」が、実在したであろう日本の歴史の中に、考古学の証拠物件としては、何が実在するのであろうか、それが次の重要事項である。これについて考察すると、弥生時代にはこの「三種の神器」に類似する「勾玉・鏡・剣刀」の考古遺物が、弥生時代の王と推定されている王墓の副葬品のなかに実在しているのである。

この「三種の神器」に類似する「勾玉、鏡、剣刀」のことを、本著書では今後「三種の宝物」と表記する。そこで弥生時代の王や王墓と「三種の宝物」に関係する資料をつぶさに検証して、日本国家の起原を深く追究したい。特に平原弥生古墳から出土した八咫の寸法ある八咫鏡については、入念に検証し実験もして、天孫降臨によって持ちこまれた「勾玉・鏡・剣刀」の「三種の宝物」を尊重する文化が、どの様に広まりどの様に定着したかを明らかにし、その結果として、天孫降臨の地は、伊都国であったことを証明したい。

三種の神器の歴史

（一）三種の神器の歴史の記録

天照大御神の三種の神器

① 最初に記録されている三種の神器は、前記してきたように『古事記』の神代史の中にある。その神代史にある「天孫降臨」によれば、以下の通りである。

天照大御神はヒコホノニニギの命に、をきし八尺《やさか》の勾璁・鏡・草那芸剣、亦トコヨノオモヒカネの神、タヂカラヲの神、アメノイハトワケの神を副え賜ひて、詔りたまひしく、「此れの鏡は、専ら我が御魂として、吾が前を拜くが如伊都岐奉れ。……」とのりたまひき。

とある。三種の神器という名称や天皇という名称は、後世に付けられた名称である。ここでは、原文以外はその後世に付けられた通称名を使用する。

② 次に記録されているのは、『日本書紀』養老四年（七二〇）神代下　第九段（一書第一）によれば、

故、天照大神、乃ちアマツヒコヒコホノニニギの尊に、ヤサカニノ曲玉及び八咫鏡・草薙劒、三種の宝物を賜ふ。

とある。この記録は、前記の『古事記』の「天孫降臨」との表記の違いはあるが、記録の内容は同じである。その『古事記』の中の鏡が『日本書紀』では、はっきりと八咫鏡になっている。また、『日本書紀』は草薙剣、『古事記』では草那芸之大刀と表記されている。

しかし、ここで特に注意しなければならないのは、考古学による実在の三種の神器の継承は、天孫降臨の三代目の女王・玉依姫・役職名大日孁貴またの名天照大御神からであることを忘れてはならない。

十代　崇神天皇の御代

① 次に記録されているのは、『日本書紀』「崇神天皇六年」の条には、

天照大神・ヤマトオホクニミタマ・フタハシラの神を、天皇の大殿の内に並祭《いはいまつる》る。然《しか》うして其の神の勢《みいきほひ》を畏《おそ》りて、共に住みたまふに安からず。故、天照大神を以ては、トヨスキイリヒメノ命に託けまつりて、倭の笠縫邑に祭る。

とある。この時の天照大神とは、大日孁貴の天照大御神から渡された「三種の神器」の中の鏡であり、「この鏡は我が御魂として、吾前を拜くが如伊都岐奉れ。」といわれた

言葉どうりに祭られている、天照大御神の御魂代である八咫鏡のことである。

② 前記の事について、『古語拾遺』大同二年（八〇七）には、

磯城《しき》の瑞垣《みずかき》の朝《みかど》に至りて、漸《やくやく》に神の威《みいきほひ》を畏りて、殿《おほとの》を同じくしたまふに安からず。故、更に斎部氏をしてイシコリドメの神が裔・アメノマヒトツの神が裔の二氏を率て、更に鏡を鋳、剣を造らしめて、護りの御璽《みしるし》と為す。是、今践祚（アマツヒツギシロシメ）す日に、献る神璽の鏡・剣なり。仍りて、倭《やまと》の笠縫邑に就きて、殊に磯城の神籬《ほもろぎ》を立てて、天照大神及草薙剣を遷《うつ》し奉りて、ヒメミコトヨスキイリビメの命をして斎ひ奉らしむ。

とある。

私は、右記の資料を次のように理解する。

右の記録により、本来天皇家にあった天照大神（八咫鏡）の神の威《みいきほひ》を畏れて、イシコリドメの神の裔とアメノマヒトツの神の裔の二人が、鏡（八咫鏡）と剣（草那芸剣）を更に鋳造した。その新に鋳造された八咫鏡と草那芸剣が、皇居の護りの御璽に成ったことが分かる。

八咫鏡が祭祀された伊勢神宮

天皇家にあった、本来の八咫鏡と草那芸剣は笠縫邑に遷されて、ヒメミコトヨスキイリビメの命をして斎い奉られるようになった。

十一代　垂仁天皇の御代

①『日本書紀』「垂仁天皇二十五年」の条には、

天照大神（八咫鏡）をトヨスキイリビメの命より離《はな》ちて、ヤマトヒメの命に託《つ》けて、大神《おおみかみ》を鎮めるところを求めて、伊勢の国に到る。其の祠《やしろ》を伊勢の国に立て、斎宮《いはひのみや》を五十鈴の川上にたつ。

とある。ここで八咫鏡が、今の伊勢神宮で祭祀れるようになったことが分かる。

十二代　景行天皇の御代

①『古事記』「子碓《をうす》（ヤマトタケル）の尊の東伐」の条には、

天皇よりヤマトタケルの尊は、命を受けて、東の方のアラブル神を平定に出発される時、伊勢の大御神宮に参られて、姨《おば》のヤマトヒメの命から草那芸剣をもらいうけた。

とある。

草薙剣を祀る熱田神宮

②『日本書紀』「景行天皇五十一年」の条には、

ヤマトタケルの尊の草薙横刀《くさなぎのつるぎ》は、今、尾張国の年魚市郡《あゆちのこおり》の熱田社に在り。

とある。ここで草那芸剣が、熱田神宮で

祭られるようになったことが分かる。

『世界大百科事典』より、「八一代安徳天皇の御代」（座位一一八〇～一一八五）を見て要約すると、

安徳天皇は、一一八〇年高倉天皇の譲位をうけ、源平騒乱期には入り、一一八五年（寿永四年三月二四日）檀ノ浦の戦に、神器とともに海に投じ崩じた。神器の宝剣はついに現われなかった。

とある。次には、その剣の記録がある。

『世界大百科事典』より、「三種の神器」を要約すると、

三種の神器とは、八咫鏡・天叢雲剣・八坂瓊勾玉の総称で、此の宮中の鏡はたびたびの内裏の火災で原形を損じ、剣は平家滅亡のとき安徳天皇とともに海底に沈んだ。それで現在の剣は皇大神宮から献上した剣を神器としたものである。神器を他の場所に動かすのは天皇の践祚即位または行幸渡御のばあいで、剣璽は内侍あるいは近

衛中将が俸持するのを例とし、鏡は一〇日をこえる行幸のばあいなどに動座した。鏡・剣・玉は、どれも古代日本人の愛好し、畏敬したもので、それに伴なって自然に神聖視され信仰を生みだすようになった。

とある。右記の資料で分かるように、天皇家に伝わる三種の神器は、幾多の災難に遭遇しながらも、その度に複製されて神器となり、天皇の践祚即位または行幸のときには必ず必要な神器とされていたことが分かる。

百二十五代　平成天皇の御代

①『皇位継承「儀式」宝典』の「三種神器と宮中三殿」には、

皇位とともに伝わる由緒ある宝物である「三種神器」を、昭和天皇より新帝が継承されることによって、いささかの空位もなく、新天皇が誕生するのであり、事実そうであったのである。

とある。右記の資料によって、平成の現在においても、「三種の神器は」生きた神器として、天皇を継承するための最も重要な神器であることが分かるのである。

（二）「三種の神器」の記録のまとめ

大日孁貴の天照大御神より、後継者に渡された八尺の勾璁と八咫鏡と草那芸剣の「三種の神器」の内、八咫鏡と草那芸剣は、崇神天皇の御代に皇居より外に遷された。その時に、八咫鏡と草那芸剣は、更に鋳造されて皇居の護りの御璽とされた。

その後、本来の八咫鏡と草那芸剣は、伊勢神宮にて祭祀されるようになった。しかし、景行天皇の御代、ヤマトタケルの命は、伊勢神宮にある草那芸剣をもらいうけた。今その草那芸剣は、尾張国の熱田神宮にある。

皇居に伝わる「三種の神器」は、昭和天皇より平成天皇に継承された。右記のように、八尺の勾璁と八咫鏡と草那芸剣は、「三種の神器」として、日本の歴史にとって重要な神器である。とともに、日本の歴史の中で「三種の神器」は、重要な証拠物件として見ることが出来る

私は、この三種の神器を考察することによって、日本の歴史における「三種の神器」の重要性を知ることができた。この三種の神器を尊重する文化と、弥生時代の王と王墓

の中に存在する勾玉・鏡・剣刀の「三種の宝物」を尊重する文化とは、深い関係にあると推定されるのである。そこで、「三種の神器」の次に、その弥生時代の王と王墓と「三種の宝物」を持つ弥生時代の遺跡について追究する。

王と王墓と三種の宝物

筑紫倭王の存在を考察する。

(1) 弥生時代の倭王とは

弥生時代の倭王と推定される歴史記録を、日本の『記・紀』の中で解明するにあたって、まず中国の『魏志』倭人伝から倭王の記録を見ることにしょう。

(2) 倭王の記録

『魏志』倭人伝には、

郡より倭に至るには、……その北岸狗邪韓国に到る……対馬国に至。その大官を卑狗といい、副を卑奴母離という。……一大国に至る。官をまた卑狗といい、副を卑奴母離という。……末盧国に至る。……東南陸行五百里にして、伊都国に到る。官

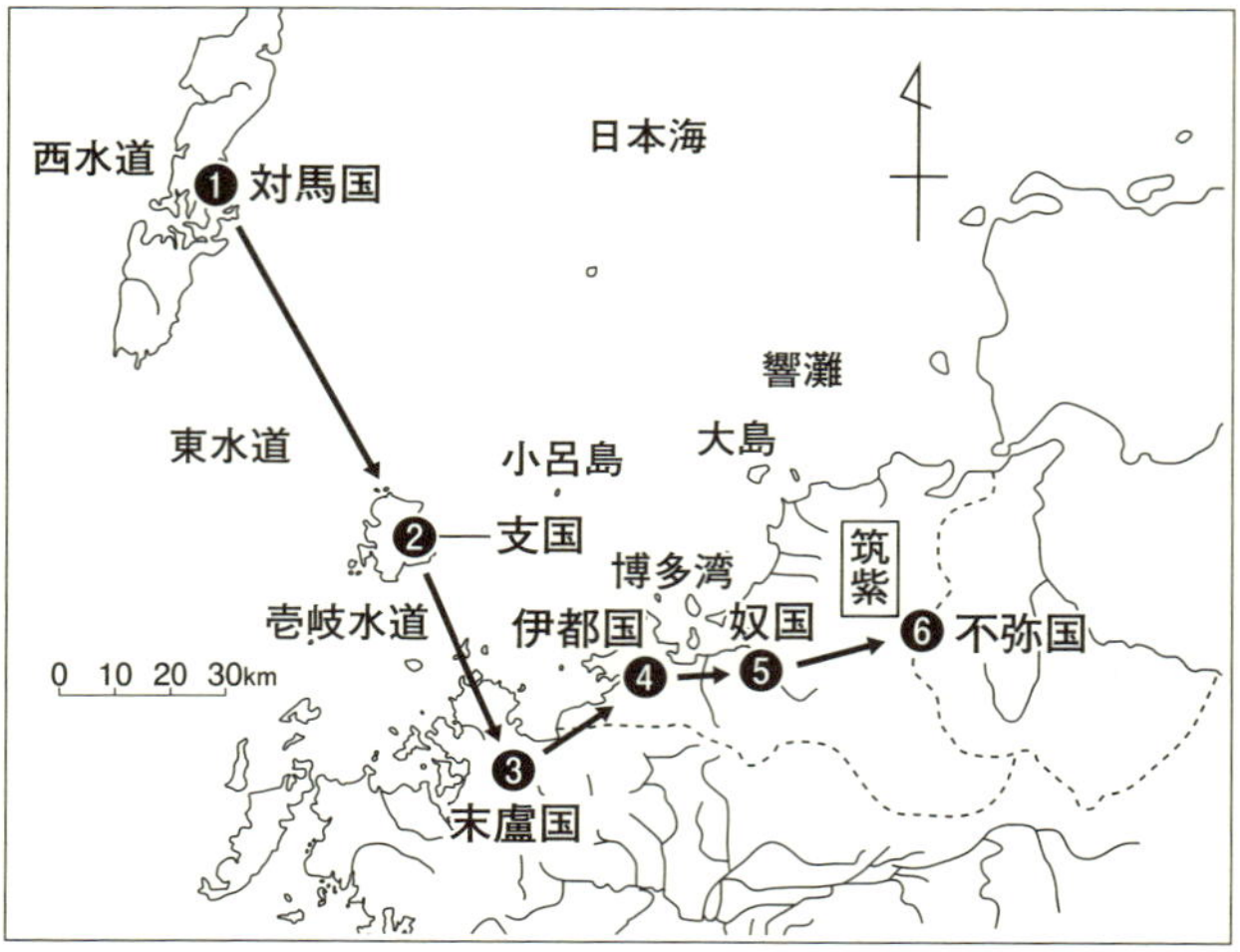

伊都国の位置。弥生時代中、後期、中国との交易の中心地

を爾支といい、副を泄謨觚・柄渠觚という。千余戸あり。世々王あるも、皆女王国に統属す。……東南奴国に至る百里。官を兕馬觚といい、副を卑奴母離という。二万余戸あり。

とある。この中で至と到の文字は、何故か右記のように使い分けられている。

1）この伊都国に「世々王ある」と記載されている、この伊都国にいた王は、倭王なのか諸国王なのか、そこに疑問が起きる。王の記録は、『魏志』倭人伝以前の後漢書にも王の記録がある。その記録は奴国王のことでありその奴国王は、漢の倭の奴国王と記載されている、これは倭の諸国の一国である奴国王のことであり諸国王のことである。『魏志』倭人伝には、その諸国王である奴国王のことは記載されていないのである。

『魏志』倭人伝に記載されている王は、倭王である女王・卑弥呼のことが記載されている。それと並んで記載されている伊都国にいた王は、倭王ではないかと推測される。その証拠には、後で確実に証明するように、弥生時代の伊都国にいた王墓と推定されている遺跡の副葬品には、その当時の倭国の「三種の宝物」を含む、倭国の頂天に立つ人のみが持つことができる、最上級の考古遺物を見ることができるからである。

2）その伊都国にいた倭王のことを、「筑紫倭王」と表記したい。その訳は、『古事記』「大国主神　5須勢理毘売の嫉妬　6大国主の神裔」の条を要約すると。

八千矛（大国主）の神は、出雲より倭国《やまとのくに》に上り坐さむとして、見送る妻の須勢理毘売の命に別れて、行った先が胸形であった。

とある。胸形は筑紫の国である、この時に八千矛の神が行った筑紫の国の胸形を倭国と記されている。出雲に大国主の神がいた当時の倭国は、筑紫の国のことであったと記されていることになる。伊都国も筑紫の国である。そこにいた倭王のことを今後は、「筑紫倭王」と表記する。また、伊都国に倭王がいた時代のことを、「伊都国時代」とも表記する。

3）次にもう一つ疑問がある。それは「世々王あるも、皆女王国に統属す。」と記載されている。「皆女王国に統属す。」の意味である。これを解明するためには、伊都国にいた王が倭王であることが分かれば、伊都国時代には、伊都国以外に女王国はなかったことが分かるのである。

私は、二世紀までの鏡文化の中心は伊都国にあり、三世紀以降の鏡文化の中心は畿内にあると推定する。この鏡文化の中心こそが、その当時の倭王がいた国であると推定されるのである。二世紀までの倭王は伊都国にいた。三世紀以降の倭王は畿内（邪馬台国）にいた、その結果は、「皆女王国に統属す。」の文章の意味が不明になる。

「統属」とは、『大漢和辞典』によると、「所属の官司をすべ治める」とあるからである。そこでまた『大漢和辞典』で「属統」を見た。するとそこには、「血すじを受けつぐ」とある。これなら意味が通る、伊都国時代の倭王は、邪馬台国時代の倭王へ皆血すじを受けつぐのである。

4）次からは、その伊都国時代にいた筑紫倭王の墓を追究する。

伊都国時代の三種の宝物を副葬する筑紫倭王の墓

（一）伊都国時代の、最初の筑紫倭の男王墓

(1)　伊都国一代目の倭王墓・三雲南小路遺跡

伊都国にいた最初の筑紫の倭王墓があるのは、三雲南小路遺跡である。発見された場所は、当時の地名によれば、筑前の国怡土郡（現福岡県糸島市東南部）三雲村の佐々禮神石神社の西半町にある。その発見年代は、文政五年（一八二二）二月二日のことで、此のことを知った、福岡藩士青柳種信（江戸後期の国学者）は、『柳園古器畧考鉾の記』の中にその詳細な記録を書き残している。

その一部には、

甕中に古鏡大小三十五面、銅鉾大小二口、勾玉一、管玉あり、

三雲南小路倭男王墓出土の前漢鏡。聖福寺蔵
（「三雲遺跡」福岡県教育委員会より転載）

とある。

この遺跡は、昭和四十九・五十年度に、福岡県教育委員会が原田大六氏を委員長として、再度の発掘調査が実施された。委員長・原田大六氏の『悲劇の金印』によると、三雲南小路の筑紫倭王の墓の、副葬品は次の通りであった。

瑠璃璧（八個以上）、前漢鏡（三十五面）、銅剣（一）、銅矛（二）、銅戈（一）、瑠璃勾玉（三個）、瑠璃管玉（六十個）、金銅四葉飾金具（八個以上）

原田大六氏は『悲劇の金印』の中で、三雲南小路遺跡は、倭王（筑紫大王）の墓であると発表されている。この遺跡は、正に筑紫倭王の実在を証明するに足る、「三種の宝物・勾玉、鏡、剣」を含む見事な、前漢鏡を所有できた時代の、倭国最高の副葬品である。

倭国最高の副葬品であるといえるのは、

1）に、瑠璃璧（八個以上）があることである。瑠璃璧は、中国の秦の始皇帝が愛用した夜光の璧ではないかと推考されている。この璧は、完璧の言葉の語源にもなった璧であって、中国ではその当時、璧は最高の宝器とされていた。その瑠璃璧（八個以上）があるということは、紛れもなく中国皇帝からの送り物であって最高の副葬品である。倭国で他に見られるのは、奴国の須玖岡本遺跡から報告されている、瑠璃璧の二片があるだけである。

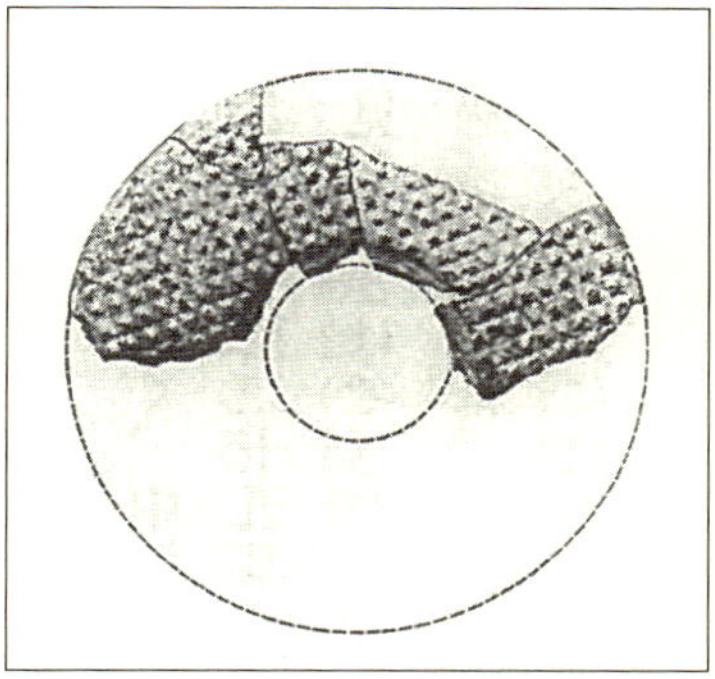

瑠璃璧三雲南小路倭男王墓出土。古代中国大陸において完璧の故事で知られる貴重な遺物（原田大六著『平原弥生古墳　大日孁貴の墓』より）

2）に、前漢鏡（三十五面）がある。これは、中国の前漢（紀元前四十～紀元八年）時代の鏡であり、中国では人間の姿見として使われている鏡である。その鏡が倭国に輸入されてきて、なぜ一人のお墓に三十五面もの多数の鏡が副葬されているのであろうか。これが倭国独特の精神文化であって、現在でも、お宮の中心に鏡が祭られているし、神棚にも鏡が祭られているのである。

この倭国独特の精神文化における鏡の原点は、第一章で考察したように、日神の天照大御神を祭るための御魂代である。倭国での鏡はこのように日（太陽）神であり、日（太陽）の力を持つ神器として、重要視されたのである。ではなぜ、一人のお墓に三十五面もの多数の日神の鏡が副葬されたのであろうか。これについては、古代の人の「魂魄」に対する思想を知る必要がある。古代中国の、周末から秦・漢にかけての諸儒の、古礼に関する諸説を整理編集した『礼記』によると、

魂気は天に帰し、形魄は地に帰す。人自《よ》って鬼に帰す。
衆生は必ず死す。死せば必ず土に帰す。これを鬼という。

とある。古代日本にも、その思想が渡って来て、原田大六著『卑弥呼の墓』によると、

人が死ぬと、無形の心思をつかさどる魂は昇天して神となるが、物体の遺骸は地に帰して鬼となる。

とある。このように、人の死体には鬼がいると信じられていた時代、鬼は夜活動して人に仇をなし、太陽が出る昼には、鬼は活動しないと考えられていた。その鬼を封じるために取られた手段が、日神の力がある鏡で昼の世界を実現することであった。またなぜ権力者の墓ばかりに、鏡が副葬されていたのかと言う疑問が生じるが、それは所有の問題もあるが、その他に、生前の権力に比例して、その鬼が人に仇する力も強い、と考えられていたためである。特に三十五面という鏡の数は、前漢鏡を持つ事の出来る時代の、倭国最高の数の副葬品である。

3）に、「銅剣（一）銅矛（二）銅戈（一）」がある。この中の剣は、「三種の宝物」の一つである。これら銅剣・銅矛・銅戈の三種の青銅器は、武器としても使用されていたが、一方では倭国独特の使いかたがなされていた。

その使いかたとは、この銅剣・銅矛・銅戈とそれに銅鐸を加えた四種の青銅祭器である。この四種の青銅祭器の原材料を、伊都国にいた天照大御神を中心にした、鏡文化を持つ団体が韓国や中国から輸入して、その製品と原材料を、天照大御神の弟であるハヤスサノヲの命が、大八島の国々に売り広めていたのである。その売る方法は、拙著『日本国家の起原と銅剣・銅矛・銅戈・銅鐸の謎』に記載しているように、ハヤスサノヲの命は、出雲に来て、年毎におそって来るヤマタノオロチと呼ばれていた、台風の生け贄

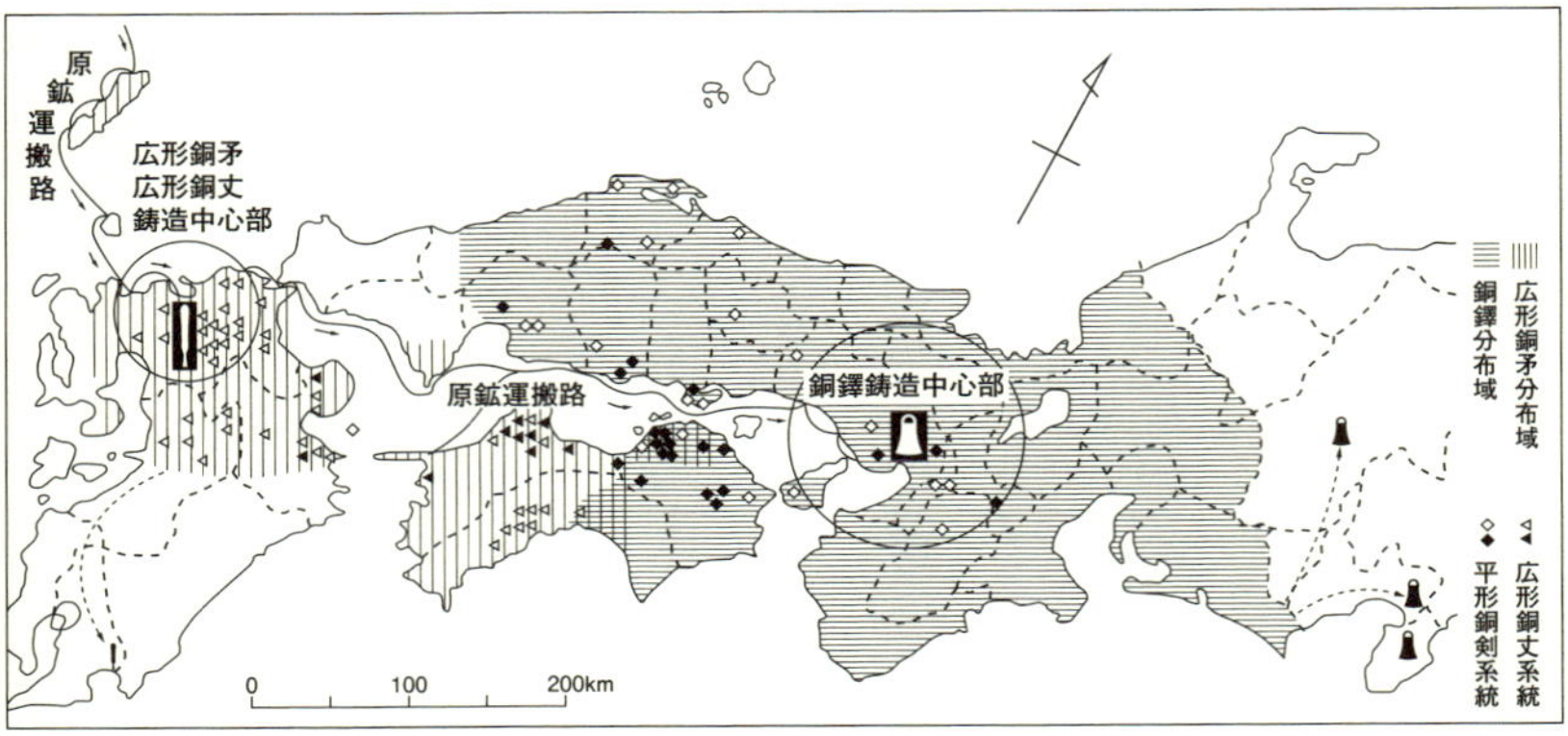

農業共同体の青銅神像分布と流通の流れ北部九州中心の筑紫倭国と機内中心の出雲国の関係が分かる

にされようとしていたクシイナダヒメを助けて、台風ヤマタノヲロチの退治追放祈願祈禱に成功したのである。

この成功によって四種の青銅祭器は、西は対馬から東は静岡県まで広まっていったのである。その証拠になるのが、弥生時代の祭りの御神体になった、台風退治追放祈願祈禱用の銅剣・銅矛・銅戈・銅鐸の、弥生遺跡からの出土状況である。

それにしても、その青銅祭器を入手するには、いかほどの代価を支払ったのであろうか。その当時の直接の資料はないので、推察するより致し方ないが、間接的な資料なりとも欲しいところである。

イ、青銅器文化は、中国殷の時代西暦・前一三〇〇年頃を起原にして、西暦・前六世紀頃北部から朝鮮半島に入り、西暦・前二二〇年頃、倭国日本に輸入されたと推定されている。その起原の中国において、前漢の武帝の時、西暦・前一二〇年の記事が『史記』に記録されている。それによると、

いま半両銭は、法で定められた重さは四銖（約二・四グラム）でありますのに、悪者が銭のうらをこっそりすりへらして銅屑を取りますので、銭は軽く薄くなる一方……。

とある。正に銅は貴重品である。二・四グラムの銅銭を、すり減らしてまで集めて生活の足しにしていたのである。

ロ、日本での記録は、時代が新しくなり、飛鳥時代西暦七〇一年の『大宝律令』の中にある。その一部を紹介すると、

☆・笞刑（むち打ちの刑）一十贖銅一斤（十回のむち打ちの刑に対し六〇〇グラムの銅で、その罪を償うことが出来る。）

☆・杖刑（杖たたきの刑）六〇贖銅六斤（六十回の杖たたきの刑に対し三キロ六〇

○グラムの銅で、その罪を償うことが出来る。）
☆・死刑・絞斬贖銅一百二十斤（絞首刑と斬首刑に対し七二キログラムの銅で、罪を償うことが出来る。）「法律部六　上編　贖罪」

とある。この時代より八二一年も前に、中国では二・四グラムの半両銭の裏をすり減らしてまで銅屑が集められていた時代に、外国から輸入された、青銅祭器の一体の経済的価値が、いかに高価な神器であったかを、真剣に推察すべきである。

それが分かれば、この高価な青銅祭器の原材料を輸入して、西は対馬から東は静岡県まで売り広めた結果、そこで上がった利益は膨大なものがあったであろうと推察されるのである。その時の利益の一部が、伊都国時代の倭王墓の豪華な副葬品であり、だい部分の利益が、日本国家の起原の原動力になったと推察されるのである。
4）に、瑠璃勾玉（三個）がある。この勾玉も三種の宝物の一種である。この記録によって、三雲南小路の倭王墓には、三種の宝物が副葬されていたことが分かる。この勾玉は、『柳園古器畧考』の記録で一個、今回の発掘で二個が出土したと発表されている。
三雲南小路遺跡の、倭王墓のすぐ側から、この度の発掘調査によって、

南小路1、2号甕棺墓（「三雲遺跡」福岡県教育委員会より転載）

(2) 新に二号墓が発見されている

倭王墓のすぐ側から発見された二号墓の副葬品は、同じく原田氏の著『悲劇の金印』によると、次の通りであった。

前漢鏡（二十二面以上）、硬玉（ヒスイ）の親勾玉（一個）、瑠璃小勾玉（十二個）、瑠璃垂飾（一個）。

この二号墓について原田氏は、

三雲南小路二号墓は、これは後世の攪乱を受けた形跡はあったが、それでも、青銅鏡は、二十二面以上の副葬が知られた。その種類は、星雲文鏡一面、内向花文銘帯鏡四面以上、重圏文銘帯鏡一面、日光鏡十六面以上であったが、鏡の大きさは、普通以下で小鏡が多いのが特色。勾玉には硬玉（ヒスイ）の親玉一個、瑠璃小勾玉十二個、瑠璃垂飾一個であった。ここでは棺内外から武器の断片さえも出土していない。この二号墓を、いかめしい男王の一号墓に対して、王妃墓とすることが、私の間違った見解とすることができようか。古墳時代の青銅鏡出土で最高を誇る京都府の大塚山古墳の三十六面という数字は、一人分でなく、二基以上のものの合算だという。ここ三雲南小路は、男王・王妃両墓の分を合算すると、実に五十七面という、前代未聞の数に達しているのである。

とある。

この遺跡には、三種の宝物の内、前漢鏡二十二面と、勾玉の二種はあったが剣刀はなかった。原田氏の指摘のように王妃の墓であろう。

(3)『柳園古器畧考　鉾之記』に記述されている「佐々禮石神社（佐々禮石神社は古名、現在は細石神社）と、前で見た三雲南小路遺跡の位置は近棲関係にある。その細石神社の祭神は、天孫降臨の第一代天津日高日子番能邇邇藝能命の妃木花咲耶姫命と、その姉の磐長姫命である。

この細石神社の由来について『筑前続風土記』には、

此神は高祖大明神の御母といへり。然れば木花咲耶姫を崇め奉るならし。神體は小石の由いへり。故にさざれ石と称するならん。昔は高祖村より、九月二六日の祭日に高祖大明神の御輿出て、此の社の側にとどむ。

とある。また高祖大明神である高祖神社の由来『糸島郡誌』には、

縣社高祖神社……高祖山の西麓に在りて神殿は西に向へり。祭神中座は彦火々出見尊（父はヒコホノニニギの命、母はコノハナサクヤ姫の命）左座は玉依姫命、右座氣長足姫命なり。社傳に高祖と云へるは歴世の帝王皆此御神の裔孫なればか

細石神社

高祖神社

く稱し奉るなるべし。……三代實録巻三十二に元慶元（八七七）年九月二十五日癸亥授　筑前國正六位高磯比咩神　従五位下　と見えたり。……昔は神領を有し祭日には神輿三雲なる細石神社に渡御ありしが今は其禮絶えたり。

とある。

二号墓の約五〇メートルの地にある細石神社と、関係の深い高祖山の西麓にある高祖神社、両神社の由来によって、三雲南小路遺跡の二号墓は、コノハナサクヤ姫の命の墓であろうと推察される。

（二）伊都国時代、二代目は将軍の墓

筑紫倭王の墓でない井原鑓溝遺跡

後漢初期のものと比定される、中国鏡を副葬していた井原鑓溝遺跡についての記録も、『柳園古器略考』に記録されている。それによると、遺跡の発見は文政六（一八二三）年であり、その発見場所は前記三雲村の隣村にあたる、井原村の鑓溝という地名をもつ地の溝の中からであった。

原田大六著『悲劇の金印』には、井原鑓溝遺跡について、

ここの青銅鏡は種信が拓本を打ってのこしているので判明しているが、すべて方格規矩四神鏡で、径は小さく十六〜十センチメートルまでである。その製作は後漢中期が有田平原王墓から出土した鏡のように、縁文様が流雲文と鋸歯波状文に限定されているのに、井原鑓溝から出土した古鏡は、獣帯文、草葉文、S字華文、忍冬様華文、華文、菱形文などと多種多用なのは、王莽期から後漢初期の特徴であって、井原鑓溝の甕棺が、後漢初期のものであることを語り、奴国王金印の下賜の建武中元二年（五七年）に最も近い墳墓であることが知られる。

私は今まで、この井原鑓溝の甕棺被葬者を、三雲南小路の男王墓、須玖岡本の男王墓、有田平原の女王墓と合わせて四王墓と称してきたが、今はこれを降格させることにした。

井原鑓溝の被葬者の降格理由は、その鏡数が二十一面で、王妃墓の二十二面に及ばぬというだけではない。三雲南小路・須玖岡本・有田平原において所有されていた壁や大鏡を持たぬことである。

とある。

この遺跡の、副葬品の鏡の数は二十一面でありその大きさも小さい、また三種の宝物の内、鏡だけしか副葬されていないので、筑紫倭王墓とは推定できない。しかし、この遺跡からは、戦のときに用いる盾に装着したと推定される、巴形銅器も出土しているので、井原鑓溝遺跡の被葬者は、後漢初期の鏡を所有できる時代の筑紫倭王の親衛将軍であったであろうと推察される。

(三) 伊都国時代、三代目は筑紫倭の女王墓

(1) 平原弥生古墳・大日孁貴《おほひるめのむち》の墓

後漢中期のものと比定される、中国鏡を副葬していた平原遺跡の発見は、昭和四十年(一九六五)の一月である。発見場所は当時前原町、現糸島市有田字平原二番地の、通称

上空から見た平原遺跡。□印（原田大六著『平原弥生古墳　大日孁貴の墓』より）

塚畑である。

この遺跡を、福岡県教育委員会が主体になり発掘調査した時に、原田氏は調査主任として発掘調査を担当された。その結果を『福岡県文化財調査報告書』第三三集「福岡県糸島郡平原弥生古墳調査概報」（一九六五年三月三十一日、福岡県教育委員会発行）として報告されている。

その後も原田氏は、私費を投じて平原弥生古墳の発掘調査を続行され、その年の五月一七日に調査を終了されている。それを基に一人で努力しながら「平原弥生古墳・発掘調査報告書」の準備をされていた。しかしその完成を見ずに昭和六十年五月二十七日に永眠されたのである。その後、平原弥生古墳調査報告書編集委員会が結成され、私も参加して、平原遺跡の報告書、原田大六著『平原弥生古墳　大日孁貴の墓』が、平成三年十一月三日に完成した。

その報告書によると、平原遺跡内にある、平原弥生古墳から出土した副葬品は、

中央土壙（主墳）内から

大鏡（四面・径四六・五センチ、その文様は内向八花文八葉形）

後漢鏡（三十五面）、鉄素環頭大刀（一口）

平原弥生遺跡中央土壙の鏡の出土状態
（原田大六著『平原弥生古墳　大日孁貴の墓』より）

瑠璃勾玉（三個）と丸玉（約五百個）が組になっている、
耳瑠破片（三）、管玉（十六個）、破片（二十五）、細片（二十九）
連玉（十個）、破片（八百七十二）、細片（四）、
小玉（四百八十二個）、破片（二十五）、丸玉（一個）、特小小玉（五個）

周溝内土壙から

丸玉（六個）、小玉（三百三十六個）、特小小玉（六個）、
鉄鏃《てつぞく》（十個）、ノミ状鉄器（一個）
鉄鉇《てつやりがんな》（一個）、鉄刀子（一個）、鉄斧（一個）、マリ土器（一個）、青磁器（一個）

とある。正に右記の副葬品は、後漢中期の鏡を所有できる時代の、倭国の頂天に立つ人のみが持てる、これ以上にない、最高の考古遺物である。また平成十八年六月九日には、この平原弥生古墳の出土品は、一括して国宝に指定されている。

その平原遺跡の、平原弥生古墳を、原田氏は大日孁貴、またの名天照大御神、またの名玉依姫の墓であると比定されている。その根拠としては、この副葬品の中に「三種の神器」の「八咫鏡」と「八尺勾璁之五百津之御須麻流之珠《やさかまがたまのいほつのみすまるのたま》」に比定される考古遺物が、実在していたことによると論証されているのである。

平原遺跡の発掘のようす（原田大六著『平原弥生古墳　大日孁貴の墓』より）

そこで次に、その原田氏が「八咫鏡と八尺勾璁之五百津之御須麻流之珠」に比定されている、その根拠について検証して見よう。

（四）八咫鏡の証明

(1)　八咫鏡の大きさ

大鏡（径四六・五センチ）について原田氏は、弥生時代の鏡にはその大きさを表す標準が、漢にはあったのではなかろうか、鏡は平板で平面積を持っているので、見た目にも、耳で聞いても、その大きさを了解させる方法があったのではなかろうかと考えて、原田大六著『平原弥生古墳　大日孁貴の墓』の中で、

後漢の学者許慎の『説文解字』に「咫　中婦人手長八寸謂之咫　周尺也」とある。「咫　中婦人の手

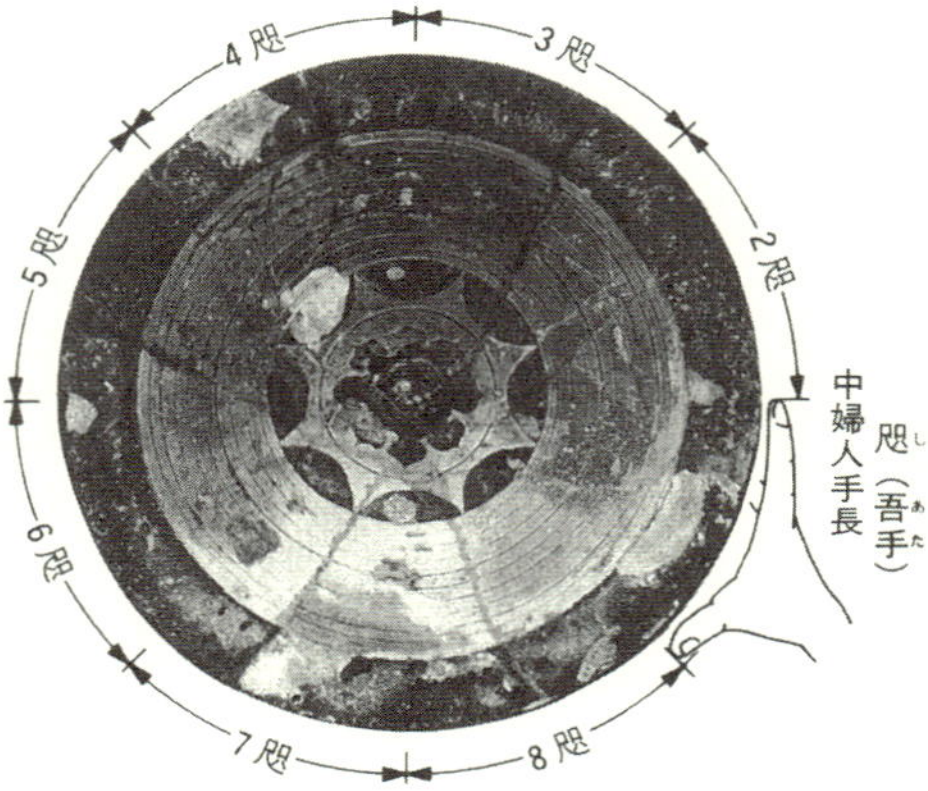

八咫ある大鏡（原田大六著『平原弥生古墳大日孁貴の墓』より）

の長さで八寸、これを咫という。周尺である」

とある。

この文献から、咫とは、後漢の一寸二・三センチ×八のことであり、これを計算すると咫とは一八・四センチのことになる。この一八・四センチで径四六・五センチの大鏡の周囲を計ると、ほぼ八咫の長さで一致する。これによって、平原弥生古墳の大鏡は、八咫の寸法ある八咫鏡であることが証明される、と主張されている。

次に、伊勢神宮にある八咫鏡で、女性の天照大御神の御魂代として祭祀されている、その八咫鏡の大きさが問題になる。だが残念なことに、伊勢神宮の八咫鏡の大きさについての記録はない。しかし、八咫鏡を納める「樋代」の内径が発表されている。これについても原田氏は、

『延喜式』の伊勢大神宮式に、八咫鏡を納めている「樋代」の内径は「一尺六寸三分」とあり、延暦二十三（八〇四）年の奥書のある『皇大神宮儀式帳』には……御樋代一具　深一尺四寸　内八寸三分　径二尺　内一尺六寸三分」と、どちらも容器の内のりが一尺六寸三分（約四九センチ）の径を持つと明記している。平原弥生古墳に副葬されていた八咫ある鏡は、径四六・五センチであるから、二・五センチの手で持って納める余裕まで持っている。ということは伊勢神宮の「樋代」の中にすっぽり納まる大きさであるといえる。

と述べられている。

12 号内向花文鏡の文様（原田大六著『平原弥生古墳　大日孁貴の墓』より）

(2)　八咫鏡の文様

原田氏は伊勢神宮の八咫鏡と、平原弥生古墳の八咫の寸法ある八咫鏡の文様についても、『平原弥生古墳　大日孁貴の墓』の中で、伊勢神宮の八咫鏡の形態（文様）についての記録をあたってみよう。伊勢神道の教典である『御鎮座伝記』には「八頭花崎八葉形也」とある。この文を「八頭花崎」と「八葉」に分けてみよう。「八頭花崎」とは平原弥生古墳出土の「内向八花文」にあたり、「八葉」はそのまま鈕をめぐる「八葉座」に相当するのではあるまいか。もう少し考えを前進させてみよう。「八頭花崎」の「八頭」は日本語でヤツガシラと読まれる。同じような頭だけが八個ある状態である。「花崎」とはハナサキで、花弁の先端ということであろう。先端のみの八花弁も「八頭花崎」も「内向八花文」も同じ意味であった。「八葉」の意味は大きい。船載鏡にしても、現在までに発見されている仿製鏡にしても、内向花文鏡や方格規矩鏡などの四葉座というのは数多く見受けたが、八葉座というのは、平原弥生古墳の大鏡がはじめての出土である。すると八葉というのは特殊な鏡でなければありえなかったといえる。

と論証されている。

原田氏は、以上の論証を証拠にして、伊勢神宮の八咫鏡と平原弥生古墳の八咫の寸法ある八咫鏡は、寸法・文様ともに喰いちがったところを見受けない。と主張されているのである。私は、この平原弥生古墳に副葬されていた、径四六・五センチある日本一の大鏡を、原田氏の論証通りに、伊勢神宮の八咫鏡と、大きさ・文様ともに違いが見うけられないことに賛同する。これは日本国家の起原を解明できる、確実な証拠物件である。

(五) 八咫鏡に、櫛歯文様の発見と実験

(1) 櫛歯文様の発見

私は、平原弥生古墳が発見されてから二〇年間、原田大六氏より日本国家の起原に関係する講義を手厚く教えて戴くことができた。その結果として、平原弥生古墳調査報告書編集委員会の委員として参加することになった。特にその中でも、平原弥生古墳の全ての出土品と、原田大六氏の残された平原遺跡関係の原稿・実測図・写真・発掘日誌等の資料の取扱を担当した。

それらの出土品と資料を取り扱う心構えとしては、原田氏の教えの中で、必ず守らなければならない教えがあった。

その教えとは、

「台帳無しでは、一片たりとも物を動かすことは出来ない」と、いうことである。

原田氏が永眠された後、平原弥生古墳の調査報告書を編集するに先立ち、先ず実行し

なければならないのは、その台帳作りであった。

それは、原田氏の研究成果が一杯詰まった部屋の、①書斎、②書庫、③平原遺跡出土品復元室、この三部屋の中で、原田氏が国宝級の取扱をされていた平原弥生古墳の全ての出土品と、原田氏の貴重な遺品の台張を作成することであった。私は、協力者と共に慎重に何カ月もかけて、この二種類の台張を完成することが出来た。

その原田氏の三部屋に残されていた、平原弥生古墳の全出土品と原田氏の遺品、及びその二者の所在を記した二つの台張を基礎にして、平原弥生古墳調査報告書編集委員会委員長神田慶也博士によって、六年六カ月の歳月をかけ、原田大六著『平原弥生古墳大日孁貴の墓』を刊行したのである。この報告書の中で、原田氏が準備されていた資料と、永眠された後で編集委員会が準備した資料については、明解に区別されている。その中で原田氏は、平原弥生古墳出土の大鏡を、

イ）大きさは、八咫の寸法ある八咫鏡である。
ロ）文様1、は、内向八花文八葉形であり、伊勢神宮の八咫鏡の文様「八頭花崎八葉形」と同じ文様である。
ハ）文様2、は、「日像《ひのみかた》之《の》鏡《かがみ》」であると紹介されている。

平原遺跡出土品復元室（原田大六著『平原弥生古墳　大日孁貴の墓』、片山摂三撮影）

ニ）その大鏡の文様は。鈕座の半球を太陽に見立て、太陽の炎（紅炎）が、四方八方に広がる状況を「八葉」の形に表現されている。その外側の「内向八花文」は、そのとがったところが、太陽の光芒である。さらに、その外側の九個の同心円は、池に石を投げ込んだ際に、同心円の波文が広がるように、光が広がって行く様子を示している。これが「日像之鏡」（太陽の像の鏡）の文様である。

との記述がある。

私は、「平原弥生古墳」の報告書の編集が終りかけた頃、「平原弥生古墳」の全ての鏡の文様について一つの大きな疑問が湧いた。その文様とは、考古学では「櫛歯文」と呼ばれている文様である。

この櫛歯文様を「平原弥生古墳」に副葬されていた三九面の鏡で見ると、

ア、流雲文縁方格規矩四神鏡九面には、櫛歯文様一帯が付いている。

イ、内向花文八葉鏡「八咫鏡」四面には、櫛歯文様が付いていない。

ウ、内向花文四葉鏡二面には、櫛歯文様三帯が付いている。

エ、四螭二朱雀竜虎鏡一面には、櫛歯文様三帯が付いている。

オ、鋸歯文縁方格規矩四神鏡二三面には、櫛歯文様一帯が付いている。

以上で分かるように、一番大切な内向花文八葉鏡（八咫鏡・日像之鏡）だけに、この櫛歯文様が付いていないのである。

この櫛歯文様の解説を探すと、『日本国語大辞典』『大漢和辞典』『世界大百科事典』『日本考古学用語辞典』『中国古代銅鏡史』などの書籍を検索しても、櫛歯文様の記述は

10号内向花文八葉鏡（八咫鏡）この鏡には櫛歯文様が見えない（原田大六著『平原弥生古墳　大日孁貴の墓』より）

3号鏡尚方作流雲文縁方格規矩四神鏡。この鏡には櫛歯文様が見える（原田大六著『平原弥生古墳　大日孁貴の墓』

見いだせないのである。

ところが、この櫛歯文様の解説に関係すると思われる、文字資料があった。その資料を見ると、
①『楚辞』目次「九歌」は、十一篇の祭祀歌の総称である。その中の（七）「東君」の中の一行の原文と訓み下し文によると。

青雲衣兮白霓裳　挙長矢兮射天狼（原文）
星雲の衣白霓の裳、長矢を挙げて天狼を射る。（訓み下し文）

とある。この上の句の意訳には、
高天にある青い雲の上衣をまとい、白い虹のはかまをつける。日神の象徴。自らそのいでたちを述べる。
とある。これは、日神・太陽のことである。次に、下の句の意訳は、

天狼　星の名。東井の星の南にあって、侵掠をつかさどる。秦の分野に当たる。これを射る長矢は、太陽の光線を見たてた。

とある。ここでは、太陽の光線が矢に見たてられている。

②　日本では新築の上棟式のとき、

1、新築の真上に、太陽を画いた扇をあげる。

2、その両側に、大きな弓矢をあげる。

3、その弓矢の一つは天に向ける。他の一つは地に向ける。

とある。ここでも、太陽の光線が矢に見たてられている。

③『古事記』「天照大御神と須佐之男命　1須佐之男命の昇天」の条には、

天照大御神は、……ソビラには千入《ちいり》の靫を負ひ、ヒラには五百入《いほいり》（の靫を附け、

とある。

ここの解説を原田氏は、『銅鐸への挑戦』「1太陽か台風か」には、

アマテラスは武装した。……『古事記』だけは、その武装状況を弓矢ばかりにしているのは正しい。靫は矢を盛る用具で、普通男子は背に負った。矢は太陽の光芒にたとえられた。……日本でも光芒は、飛来する矢であった。そこにアマテラスの「千入靫」と「五百入靫」とが出てくる。古墳出土の一個の靫に盛った矢数は五十本ぐらいというから「千箭」は二十倍、「五百箭」は十倍となる。何しろ太陽のことであるから、その光芒数は無限である。……また靫を『古事記』は、「ソビラ」と「ヒラ」に負ったと原文には出ている。これは自然の平と原とが同源であるように、人体の腹も平も同源である。古くは腹のことをヒラといい、その反対側をソビラといった。ソは反対の意味がある。……靫は普通背中に負うものであるが、腹側にもつけたという表現は、太陽の光芒が全表面から放射されるのによったと考えられる。

とある。

ここでも、アマテラス（太陽）の光線を、矢に見たてられている。

私は、前記の資料を考察して、櫛歯文様は、太陽の光線の図案化であると推定するに至った。この櫛歯文様が、一番大切な八咫の寸法ある八咫鏡だけに、付いていないことに大きな疑問をもったのである。

そこで、一〇号鏡の八咫鏡を展示ケースから取り出して、再度入念に観察することにした。その結果、今まで考えてもいなかった場所に、この櫛歯文様を発見することができた。その場所とは、鏡の周側面の鏡の厚みの部分に、太陽の光線を表すこの櫛歯文様が付いていたのである。

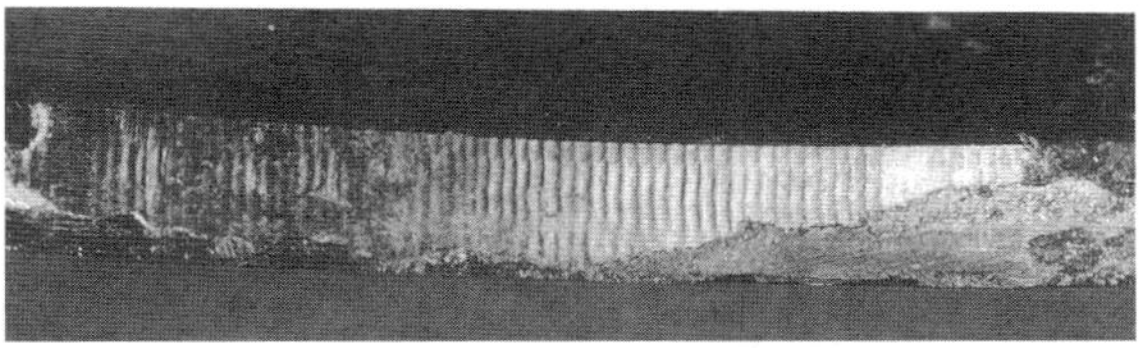

10号内向花文八葉鏡（八咫鏡）天照大御神の御神体のこの鏡を横にして見ると『古事記』に書かれているように前から見える部分に500本、見えない横と後方に1000本の太陽の光芒を象徴する矢が櫛歯文として輝いていたであろう。今でもその文様を確認することができる原田大六著『平原弥生古墳大日孁貴の墓』より）

(2)　櫛歯文様の線の数は、何本あるのか

早速、八咫鏡の周側面に付いていた櫛歯文様の発見を、神田編集委員長に報告したところ、その櫛歯文様の線は何本あるのかその数を聞かれたのである。

この鏡は、約一八五〇年もの長い間土中に埋葬されていた関係で、腐植している部分もあり、櫛歯文様が読めない部分もある。そこで、小金丸俊光編集委員と相談して、二人で数えられる所だけ一センチ幅に何本、一センチ幅に何本と数えて、その平均を出して、その数を鏡の周側面の長さに掛けて答えを出した。その結果、櫛歯文様の線の本数は、約千五百十八本であった。

この約千五百本の櫛歯文様について考察すると、八咫鏡は、天照大御神の御魂代である。この御魂代の八咫鏡に事実、約千五百本の櫛歯文様が付いていたのである。これは前記の記録、『古事記』には、

天照大御神の、……ソビラ（背）には千入の靫を負い、ヒラ（腹）には五百入の靫を負い、

とある。

この千五百本の矢に相当するのではないかと推察された。実際に、一〇号鏡・八咫鏡を横にして、観察すると、

ソビラ（背）にあたる見えない後方に千本、ヒラ（腹）にあたる見える前方に五百本。

の櫛歯文様を推定することができた。

(3)　その千五百本の線は、櫛歯文様なのか、ケズリ痕なのか

私と『平原弥生古墳　大日孁貴の墓』の編集委員は、皆この八咫鏡に付けられた約千五百本の線は。太陽の光芒を表す櫛歯文様であることを認められた。しかし前原市文化財調査報告書第70集『平原遺跡』では、この櫛歯文様を鏡側面のケズリ痕として発表された。

そこで私は、

ア、財団法人九州環境管理協会が実行した、鏡片の定量分析の結果、（一〇号鏡は、分析がなされていないので）一一号鏡・八咫鏡の成分、

◎銅・六六・七七％、◎スズ・二三・七二％、◎鉛・六・四二％を参考にして、

イ、原田氏が一一号鏡・八咫鏡から作られた鋳型を使って、

ウ、福岡県直方市下八中曽根の美術鋳物師・山本利行（号螢仙）氏に依頼して、二面の複製鏡を鋳造した。

その中の一面の櫛歯文様は、直接鋳型に付けて製作していただいた。

他の一面の櫛歯文様は、鋳造後の鏡に鏨で直接付けていただいた。

その結果は、目的を以て付けなければ付かない櫛歯文様であることが判明した。決してケズリ痕として鏡に付くものではなかった。（注・美術鋳物師・山本利行氏は、古芦屋

窯の再現を志し約四〇〇年前に製法が途絶えていたものを、約二十年前にその芦屋窯を再現されている。他に「国宝の金印」や、メキシコ・マヤ文明の遺産である「アステカの暦石」の複製品を作成されている。)
最後にいえることは、これまでの調査と実験によって、平原弥生古墳に副葬されていた四面の、八咫の寸法ある八咫鏡は、『記・紀』の神代史に記録されている八咫鏡である、と私も重ねて推定するにいたった。

(六) 八尺勾璁之五百津之御須麻流之珠の証明

(1) 八尺勾璁《やさかまがたま》について

原田氏の、『銅鐸への挑戦』一巻、第三章二の、「八尺勾璁」についての記述内容を要約すると次のようである。

考古学では勾玉と書く。この「八尺《やさか》」の「八《や》」は「弥」への当て字である。「弥」はイヤともヤとも読む。「尺《さか》」も漢字に意味はない。要するにヤサカはイヤサカで、いよいよ栄えるということであった。ヤサカの勾玉とは緑色の勾玉を指したと考えられる。平原弥生古墳からその緑色をした三個の勾玉が、約五百個の丸玉と組になって出土している。

と記述されている。

ここにでている緑色は、イヤサカは弥栄で「枝も栄えて葉も茂る」と共通する意味の中に緑色がある、その緑色のこと。

出土した3個の勾玉と約500個の丸玉。鏡片は22号鏡の一部（原田大六著『平原弥生古墳 大日孁貴の墓』より）

(2)　五百津之御須麻流之珠《いほつのみすまるのたま》　五百津《いほつ》とは、五百個のことである

つぎは、原田大六著『平原弥生古墳　大日孁貴の墓』（一五四頁）からの要約である。

ミスマルに『日本書紀』は「御統」の文字を当てている。ミは尊称であるから、スマルは「統」の意味だということが知られる。「統」を動詞でスブという。統は、大統領というように、統一するという意味である。「御統之玉（ミスマルノタマ）」とは、「天下を統べ治めている玉」ということであった。もちろんアマテラスは巫女王であるから、彼女が人民を統帥していた象徴の玉であったということになる。

と主張されている。

この八尺勾璁之五百津之美須麻流之珠に相当する三個の勾玉と約五百個の丸玉が組になって、平原弥生古墳の中心部近くに副葬されていた。

前記した、八咫鏡と八尺勾璁之五百津之美須麻流之珠は、『記・紀』によれば、天照大御神が超大型台風のタケハヤスサノヲと対決された、その結果、天照大御神がお隠れになったのである。その時に、八咫鏡と八尺勾璁之五百津之美須麻流之珠が作られたと記録されている。その八咫鏡と八尺勾璁之五百津之美須麻流之珠と比定される遺物が、平原弥生古墳の副葬品として、八咫鏡四面と三個の勾玉と約五百個の丸玉が組になって出土している。何故八咫鏡が四面で、勾玉が三個なのかは分からないが、この遺跡からは八咫鏡は四面で、勾玉は三個で約五百個の丸玉とが組になって出土しているのである。またこれらの遺物は、他の遺跡からは見つかっていない。

前記のように、平原弥生古墳の副葬品には、『古事記』に記録されている「三種の神器」の内、八咫鏡と八尺勾璁に比定される、貴重な二種の神器である考古遺物が出土しているのである、また三種の宝物としては鉄素環頭大刀が出土している。これらは、後漢中期の鏡を所有できる時代の、三種の神器と三種の宝物を含む倭国最高の貴重品である。これを証拠に原田氏は、平原弥生古墳の被葬者を、天孫降臨・三代目の倭の女王、その名は玉依姫またの名は大日孁貴、またの名は天照大御神と呼ばれていたのである、と比定されている。

第三章のまとめ　天孫降臨の地は伊都国

（一）三種の神器

1、皇居の三種の神器は、日本の歴史の中で実在していた記録がある。

2、本来の、勾璁は皇居に、八咫鏡は伊勢神宮に、草那芸剣は熱田神宮にて、それぞれ丁重に祭祀されていると、発表されている。

（二）三種の宝物

1、弥生時代の伊都国の王墓に勾玉、鏡、剣刀が副葬されていた。

1）弥生時代の王墓に副葬されていた勾玉、鏡、剣刀の三種の宝物は、三種の神器と深い関係にある。

2、倭王の記録

1）『魏志』倭人伝には、世々王がいたと記述されているのは伊都国だけである。

（三）伊都国時代、三種の宝物を副葬する筑紫倭王の墓

その一、伊都国時代、一代目の筑紫倭王の墓

① 伊都国一代目の筑紫倭王の墓は、三雲南小路遺跡内にある。その倭王の墓の副葬品は、三種の宝物・鏡、勾玉、剣などを含む、前漢鏡を所有できる時代の最高の考古遺物である。

また三種の宝物の内・鏡と勾玉とをもった王妃（推定コノハナサクヤヒメ）の墓があ

る。それらの鏡は前漢時代の物であった。

その二、伊都国時代、二代目は将軍の墓

① 伊都国時代、二代目は将軍墓で、井原鑓溝遺跡内にある。三種の宝物としては・鏡だけの記録しかないが、巴形銅器も副葬されていたので筑紫倭王の親衛将軍の墓であると推測されている。その鏡は後漢初期の物であった。

その三、伊都国時代、三代目は筑紫倭国の女王の墓

① 伊都国時代の三代目は筑紫倭の女王・玉依姫（またの名大日孁貴、またの名天照大御神）の墓である。その平原遺跡内にある平原弥生古墳の副葬品は、三種の神器に相当する、八咫鏡（四面）と八尺勾璁之五百津之御須麻流之珠（三個の勾玉と約五百個の丸玉）があり、三種の宝物の剣刀としては、鉄素環頭大刀が副葬されていた。その八咫鏡は倭鏡と認められている、他の三十五面の鏡は後漢中期の物であった。

◎ 八咫鏡の証明

① 平原弥生古墳の大鏡は、八咫の寸法ある八咫鏡で、径は四六，五センチであり、

『延喜式』の伊勢神宮式にある八咫鏡の入れ物の大きさ内径「一尺六寸三分」約（四九センチ）に入れるには、丁度良い大きさである。

②平原弥生古墳の八咫鏡の文様は、内向八花文八葉形である。伊勢神宮の八咫鏡の文様は、八頭花崎八葉形である。双方には文字の違いはあるが、文字の意味は同じ文様を表している。

③八咫鏡に櫛歯文様の発見と実験

1）平原弥生古墳の八咫の寸法ある八咫鏡の周側面に、太陽の光線を図案化した櫛歯文様を発見した。

2）その櫛歯文様の線の本数は、編集委員の小金丸俊光氏と二人で数えた結果は、約一五一八本であった。これは、『古事記』に記録されている、天照大御神の背中に千本腹に五百本の矢を付けたとの記録に相当すると推定される。

◎八尺勾璁之五百津之御須麻流之珠の証明

①八尺勾璁《やさかまがたま》とは、弥栄《いやさか》の勾玉のことで、子孫の繁栄を願う意味がある。

②五百津之御須麻流之珠《いほつのみすまるのたま》の五百津は、五百個のこと。御須麻流とは、『日本書紀』には「御統《みすまる》」とある。民を統帥する意味がある。この八尺勾璁之五百津之御須麻流之珠に

相当する遺物の証明として、平原弥生古墳の中心部から、三個の勾玉と約五百個の丸玉が出土している。

(四) 天孫降臨三代の王と、伊都国時代三代の王墓

1、『記・紀』には、天孫ヒコホノニニギの命が天降りした国に実在した王は三代である、と記録されている。

2　これに対応する、伊都国時代の筑紫倭王の墓も三代であった、その遺跡がイ、前漢時代の鏡を所有していた墓、ロ、後漢初期の鏡を所有していた墓、ハ、後漢中期の鏡を所有していた墓の三代の墓が発見されている。

その一、「天孫降臨・第一代目の王の名」は、天津日高日子番能邇邇芸能命《あまつひこひこほのににぎのみこと》で、王妃の名は、木花佐久夜毘賣《このはなさくやひめ》である。

◎「伊都国時代・第一代目の筑紫倭王の墓」は、三雲南小路遺跡にある。この倭王の墓の副葬品は、三種の宝物を含む前漢時代としては、倭国最高の考古遺物が出土してい

る。またその王墓の側には、王妃（推定・コノハナサクヤ姫の命）の墓がある。

その二、「天孫降臨・第二代目の王の名」は、天津日高日子穂穂手見の命（ヒコホホデミの命）で、王妃の名は、豊玉毘賣の命（トヨタマビメの命）である。

◎「伊都国時代・第二代目の筑紫倭王の墓」は、まだ見つかっていない。しかしその御魂は、高祖山の西にある高祖神社で祭祀されている。またこの、後漢初期の王墓に繋がる将軍の墓と推測される墓が、井原鑓溝遺跡にある。井原鑓溝遺跡の鏡は、後漢初期のものである。

その三、「天孫降臨・第三代目の王の名」は、天津日高日子波限建鵜葺草葺不合の命で、王妃の名は、玉依毘賣の命である。

◎「伊都国時代・第三代目の筑紫倭王の墓」である男王の墓はまだ見つかっていない。しかし筑紫倭国の女王の墓、平原弥生古墳大日孁貴の墓が発見されている。この墓にこそ、後漢中期の鏡を所有できる時代の、倭国の頂天に立つ人に相応しい「三種の神器」

の内、八咫鏡と八尺勾璁の二種に比定される考古遺物と、「三種の宝物」の内、剣刀としては、鉄素環頭大刀が副葬されていたのである。これを証拠にして、伊都国時代、三代目の筑紫倭王の墓は、女王・玉依姫（玉依毘賣の命）またの名大日孁貴、またの名天照大御神の墓であると比定されている。

（5）結語

(1)前記の資料を検証した結果、天孫降臨の地は、伊都国であったと推定される。

第四章　天孫はどこから伊都国へ降臨したか

天孫は三種の宝物を持って降臨した

三種の神器は三種の宝物と深い関係がある。前章では、その三種の宝物を副葬していた伊都国の遺跡を追究し考察した。本章では、伊都国以前の遺跡に、伊都国より古い時代の三種の宝物を副葬していた国があるのかないのか、それを追究し考察する。その結果として、天孫がいた祖神国は奴国であったことを明らかにしたい。

祖神国が奴国であることが判明すれば、天孫は、奴国から三種の宝物をもって伊都国へ降臨したと推定できるのである。

最後に天孫降臨に関係する数多くの資料によって、天孫降臨の現場の状況を具体的に考察し、詳細に究明する。

『古事記』の神代史は、喩え言葉と精神文化的表現で記述されている

天孫降臨も喩え言葉と精神文化的表現で記述されている。

天孫の天である天照大御神を、精神文化的理解で読むと、天照大御神の神格は天上界の日神であり、地上界の皇祖神でもある。この統一された天照大御神の居場所を、天上界も地上界も含めて高天原と表記されていると推察される。その証拠になるのが、祖神の天照大御神から渡された、「勾玉、鏡、草那芸剣」である。これらの遺物は、日本の歴史の中に実在していたと記録されている。実在するものは、地上の天照大御神でなければ渡すことはできないのである。遺物は、現天空の天上界から降ってくるものだはない。

① その天孫降臨を精神文化的理解で読むと、天孫降臨は地上界のできごとであり、地上から地上への移動と推定される。

② その天孫降臨の証拠物件になるのが、「勾玉、鏡、草那芸剣刀」である。この三種の宝物を尊重する文化が、第三章で究明したように、弥生時代の伊都国に存在したのである。

③ 伊都国で証明された三種の宝物、それよりも古い時代の三種の宝物が有るとすれ

ば、その国こそ「三種の宝物」の起原国であり、その国こそ、天孫降臨の祖神国であることが分かるのである。

伊都国時代よりも古い三種の宝物がある祖神国

(一) 祖神国の最初の王墓は、吉武高木遺跡

(1) 日本最古の三種の宝物

日本最古の、三種の宝物が副葬されていた吉武高木遺跡の場所は、三雲南小路遺跡の東方、福岡市西区大字吉武にある。この遺跡については、福岡市教育委員会の常松幹雄著『最古の王墓　吉武高木遺跡』によると、

① 発掘調査は一九八五年、発見は二月二二日である。

② 墓は、標石を持つ「三号木棺墓」で、組合せ式木棺。

③ 標石は、墓壙の上面からやや上がった東辺部に、長辺の長さ一・七メートル、短辺の長さ〇・八メートル、厚さ〇・五メートル、サイズの花崗岩の大型礫がのっており

標石と考えられる。この大型礫は本来一個以上あったことが明らかであり旧状では、墓壙全体を覆っていた可能性が高い。（注・この③の内容は、福岡市埋藏文化財調査報告書第491集より抜粋）

④　副葬品の鏡は、多鈕細文鏡（一）、武器は、細形銅剣（二）、細形銅矛（一）、細形銅戈（一）、勾玉は、硬玉製勾玉（一）、その他、碧玉製管玉（九五）

⑤　埋葬時期は、弥生中期初頭に限定する事が出来る。

とある。

常松氏は、この本の「王墓の係譜」のなかで、

須玖岡本D地点の大石とよばれる標石が吉武高木の中核墓の構造と共通することを忘れてはならない。注目すべきは、前漢鏡（戦国式鏡を含む）には最上級の宝器としての価値観が与えられたのに対し、多鈕細文鏡がシャーマンの鏡として、祭器であっても権威の象徴とはなりえなかったことだ。「前漢文化複合」期の王墓の祖型を「細形銅剣文化複合」期の墓制に求めるとき、王墓に該当する墓は、吉武高木の中核

吉武高木遺跡３号木簡墓出土の多紐細文鏡（福岡市博物館蔵）

墓をおいてほかにはない。

とある。

常松氏はこのように、須玖岡本Ｄ地点の標石が、吉武高木の中格墓の構造と共通することを忘れてはならないとし、「前漢文化複合」期の王墓の祖型を「細型銅剣文化複合」期の墓制に求めるとき、吉武高木遺跡を王墓として認められている。ところが多鈕細文鏡は、シャーマンの鏡であり祭器ではあるが、権威の象徴であるとは認められてはいない。

しかし、この祭器である多鈕細文鏡は勾玉と銅剣と共に、三種の宝物として大切に副葬されていたのである。その当時の青銅器の輸入は、朝鮮半島からの輸入が主体であって、戦国鏡や前漢鏡が入手困難な時代である。たとえ多鈕細文鏡一面とはいえ、この時代「鏡・勾玉・銅剣」の三種の宝物を一人のために副葬されている墓は、他には発見されていいない。

そして、青銅器の鏡と銅剣は他国からの輸入品ではあるが、これを使う精神文化は第三章で見てきたように日本独特の文化であり、輸入された文化ではない。ましてや他国の人が作った文化でもない。この「鏡・勾玉・銅剣」を三種の宝物として尊重する文化は、この吉武高木遺跡で始まり平成の現在まで継承されていることに、特に注目すべきである。

このように、日本最初で最古の王墓と比定されている、吉武高木遺跡に日本最古の三種の宝物、「鏡・勾玉・剣」が副葬されていたのである。

(二) 吉武高木遺跡と大型建物

「福岡市埋蔵文化財調査報告書第４３７集」によると。

その規模は、桁行き5間、梁行き4間と考えられ、北隅と南隅とは未調査で、確認できていない。建物の桁行き実長は、調査部分で一二・〇mであり、柱間寸法は柱穴掘方1~2の間で二・五m、柱穴掘方2~3の間で二・五mをはかり、柱間規模には変移がみられる。また、梁行実長は9・6メートルである。さらに、床面積は一一五・二平方メートルをはかる。また桁・梁間が5×4間の身舎の外側には西側で最も幅広く二・八m、北側で一・〇m、東側で幅一・〇m南側で最も狭く幅一・〇mの庇あるいは回廊状の施設かと考えられる掘方（壷掘り）が付属するとある。

また、同報告書の、「吉武高木遺跡高殿の復元に関する概説」若林弘子氏によると、

（2）柱くばりと床面積。南北（桁行《けたゆき》）五柱間、東西（梁間《はりま》）四柱間の長方形で、一8本の主柱からなっている。これら主柱は、柱根で五〇～六〇㎝の大径木。桁行の五柱間は、約二・五mずつで、全距離は九・五m、床面積は一二〇・九六㎥である。これに廻り縁の柱（縁束）が四週に五柱間ずつ、総数二〇本ならんでいる。縁束の径は、柱根で四〇㎝前後する。さらに棟下通り付近に多数の柱穴遺構が重複して認められ、そのうちの三個を棟持ち柱とみた。

（5）平面構造。廻り縁の西側の一辺が他の三辺より広いことから、平入りに梯子を掛けたが、これは王の専用するもので、重臣などが使用するもう一本の梯子を妻側に掛けた。

(7)床や屋根までの高さ。推測による古代建物の復元でもっとも苦慮することは立体的な寸法であるが、尺度が判ればその割出しは可能である。地面から軒までの高さ五・八八m、地面から棟までの高さは一一・二八m、棟を覆う茅《かや》の厚みを加えると建物の高さは地面からおよそ一二mになった。

(10)建物の性格。高さ一二mにも達し、廻り縁までめぐらされているところから推して、穀倉や一般民衆の住居ではないことは明らかである。それは(9)で述べた奈良県佐味田宝塚古墳から出土した「家屋文鏡」の四棟の建物のうち、「高殿」に類する建物とみなさなければならない。つまり、魏志倭人伝にみる「楼観」にあたるが、中国語の「楼観」には二つの意味があり、①たかどの(二階建てなどの高層な建物)、②やぐら(物見櫓)を意味する。ここでは、前者の高層な建物、すなはち「高殿」としたい。(1、3、4、6、8、9の資料は省略した)

とある。

右記の資料によると、吉武高木遺跡の大型建物は、弥生中期初頭の建物として　特筆に値する大型建物である。そしてまたその内容は、「鏡・勾玉、剣」の日本最古の「三種の宝物」を副葬している弥生中期初頭の三号木棺墓の東四〇~五〇メートルの近棱地にあって、この大型建物は、王墓と共に王達が使用した「高殿」であったであろうと想定されている。

(三) 吉武高木遺跡と博多湾

この大型建物のすぐ東側にあるのが室見川である。そして吉武高木遺跡の西側にある川が日向川である。この日向川と室見川は吉武高木遺跡を挟んで合流し、博多湾に流入している。この博多湾こそ弥生時代の奴国が外国と交流していた当時の窓口であったであろう、その証拠の一つに、博多湾の入口の志賀島から、漢の倭の奴国王の金印が出土している。

(四) イザナキの大神の禊と博多湾

① その博多湾の情景は、『古事記』の中で、擬人化されているイザナキの大神が、黄泉の国から帰っておこなった、禊《みそぎ》の情景と一致している。ここでは、その証拠として、「イザナキの大神の禊」を読んで意訳する。

『古事記』イザナキの大神の禊」その一

是を以ちてイザナキの大神詔りたまひしく、「吾はイナシコメシコメキ汚き国に到りて在りけり。故、吾は御身の禊せむ。」とのりたまひて、筑紫の日向の橘小門のアハキ原に到りまして、禊ぎ祓ひたまひき。

とある。

私は、右記の場面を次のように意訳する。

1、筑紫＝現福岡県。

2、日向＝室見川上流の地名。

2、橘小門＝立鼻の小戸（博多湾に鼻のようにでている小戸）で、室見川が博多湾に入る西側にある地名の小戸。

3、アハキ原＝小戸の磯で泡ができて、その泡が寄せてくる浜、室見川が博多湾に入るすぐ西側の地名の豊浜。

その二

故、投げ棄てる御杖に成れる神の名は、衝立船戸の神。次に投げ棄つる御帯に成れる神の名は、道之長乳歯の神。次に投げ棄つる御嚢に成れる神の名は、時量師の神。

とある。

右記の神の名を、次のように意訳する。なおこれらの意訳は、原田大六著『雷雲の神話』を参考にした。以下も同じ。

1、衝立船戸の神＝博多湾の入口にある、玄界島。

2、道之長乳歯の神＝博多湾の北側、志賀島から和白までの長い道。

3、時量師の神＝季節を測れる奴国の東側の山並み。北からZ犬山八五八メートル、米ノ山五九三メートル、岳城山三八一メートル、若杉山六八一メートル、砥石山八二八メートル、三郡山九三五メートル、Z金山二六三メートル、宝満八二九メートル。これらの山の日の出によって、季節を知る。

その三

次に投げ棄つる左の御手の手纏に成れる神の名は、奥疎《おきざかる》の神。次に奥津那芸佐毘古の神。次に奥津甲斐辨羅の神。次に投げ棄つる右の御手の手纏に成れる神の名は、邊疎《へざかる》の神。次に邊津那芸佐毘古の神。次に邊津甲斐辨羅《かいべら》の神。

とある。

1、奥疎の神＝奥とは博多湾の左の御手（西側）、能古島の西奥で。サカルの神とは、遠ざかる波。

2、奥津那芸佐《なぎさ》毘古の神＝能古島の西奥のなぎさ。

3、奥津甲斐辨羅の神＝甲斐辨羅《かいべら》とは、二枚貝が開いたり閉じたりする様子。これを喩えにしている、この神は、能古島の西奥で寄せたり引いたりしている波。

4、邊疎《へざかる》の神＝邊とは岸辺のこと。これを喩えにしているこの神は、博多湾の右の御手（東側）の岸邊から遠ざかる波。

5、邊津那芸佐毘古の神＝博多湾の東側の岸辺のなぎさ。

6、邊津甲斐辨羅の神＝博多湾の東側の岸辺で寄せたり引いたりしている波。

その四

是に詔りたまひしく、「上つ瀬は瀬速し、下つ瀬は瀬弱し」とのりたまひて、初めて中つ瀬に堕《お》りかづきて滌ぎたまふ時、成り坐せる神の名は、八十マガ津日の神。次に大マガ津日の神。此の二神は、其穢繁《けがわらしき》国に到りし時の汚垢に因りて成れる神なり。次にそのマガを直さむと為て、成れる神の名は、神直毘の神。次に大直日の神。

次に伊豆能賣の神。

とある。

1、瀬＝川の浅瀬のこと。この川の始めの名は日向川で、途中合流して室見川になり博多湾に流入している。その室見川の浅瀬のこと。

2、八十マガ津日の神＝四方八方十六方から攻めてくる、魔が事。

3、大マガ津日の神＝上下方向から攻めてくる、魔が事。

4、神直毘の神＝魔が事を直すには、潮水で洗う（今でも「御潮井取り」をして神に祈願する）。

5、大直毘の神＝魔が事を直した後で、若返るには、淡水で洗う。

6、伊豆能賣の神＝伊豆とは出ずのことで、水洗を終えること。

その五

次に水の底に滌ぐ時に、成れる神の名は、底津綿津見の神。次に底筒之男の命。中に滌ぐ時に、成れる神の名は、中津綿津見の神。次に中筒之男の命。水の上に滌ぐ時に、成れる神の名は、上津綿津見の神。次に上筒之男の命。此の三柱の綿津見の神は、阿曇連等の祖神ともち伊都久神なり。故、阿曇連等は、其の綿津見の神の子、宇都志日金拆の命の子孫なり。其の底筒之男の命・中筒之男の命・上筒之男の命の三柱の神は、墨江の三前の大神なり。

とある。

1、水の底＝遠くに見える水平線の、その先（底）の見えない遠海のこと。

2、底津綿津見の神＝底は見えない遠海、綿津見は海を渡って富を積むこと、神とは力があること。遠海航路の事業従事団体。

3、底筒男の命＝底は遠海、筒は物を包むこと、物を包むことは物を安全に運ぶことに繋がる。遠海航路の安全保証団体。

4、中津綿津見の神＝中海航路の事業従事団体。

5、中筒男の命＝中海航路の安全保証団体。

6、上津綿津見の神＝近海航路の事業従事団体。

7、上筒男の命＝近海航路の安全保証団体。

8、阿曇等の祖神ともち伊都久神＝阿曇氏が祭る神は、博多湾の北側にある志賀海神社である。

9、墨江の三前の大神＝この神は、博多湾の南側にある住吉神社三座（底筒男・中筒男・表筒男の三神）として祭祀されている。

その六　結語

右記の『古事記』の禊の情況は、右に記したように博多湾の情況に見事に一致する。

（五）　祖神国一番目のまとめ

①　祖神国の一番目は、最初で最古の三種の宝物を副葬していた王で、奴国の吉武高木遺跡の三号木棺墓の被葬者である。

②　天孫降臨の祖神の一人に「高木の神」とある。その高木の神と高木遺跡との関係が注目される。高木の神の本名は、タカミムスヒの神である。にもかかわらずまたの名をわざわざ高木の神と命名されているのは、高木という地名をとって付けられた名称ではないかと推測されるのである。その高木という地名の由来を、福岡市役所受付の篠崎氏にお尋ねしたところ、親切に区政課の栗秋亜希子氏と埋藏文化財調査課の調査第一係長常松幹雄氏を紹介していただいた。

栗秋氏によると、福岡市で確認している大字吉武の記録は、「室見川中流　左岸に位置する。鎌倉期～戦国期に吉武名の名称が見える。（角川地名辞典）」とあるが、小字の記録はないとのことであった。次に、『最古の王墓　吉武高木遺跡』の著者でもある常松氏に高木の地名についてお聞きしたところ、地元の人が遺跡のある小字名を「タカキ」というと、証言されたので高木遺跡という名称にしたとのことであった。次に地元の吉武公民館でお聞きしたが、それ以上のことは分からなかった。

③　吉武高木遺跡とその周辺の遺跡から出土している、初期青銅器の沢山の量を『最古の王墓　吉武高木遺跡』によって拝見すると、王墓の地の早良平野には、西新町遺跡、藤崎遺跡、有田遺跡、飯倉遺跡、吉武遺跡群・吉武高木遺跡・東墓地・西墓地・北側墓地、吉武大石遺跡、吉武樋渡遺跡などの多くの遺跡があって、奴国が博多湾を拠点にして、外国と交流していた結果であろうと推察されるのである。

④　博多湾と吉武高木遺跡は、外国との交流の上で重要な関係にある。その博多湾は、イザナキの大神が禊をした現場であると推定された。そのイザナキの大神が禊を終えて化成したのが、天照大御神と、月読の命と、建速須佐之男の命である。

この時に化成された、最初の天照大御神こそが、日本国家の起原である。それを見ると、室見川が博多湾に流入しているこの地点で、最初の天照大御神が化生されているのである。その室見川上流の、室見川を東に見て西に日向川を見る地点に、日本国家最初の祖神を証明できる、吉武高木遺跡の王墓が実在することは、非常に重要である。そしてまた『古事記』によると、高木の神と天照大御神の両神の孫が、「天孫降臨」のヒコホノニニギの命であることも、日本国家の起原にとって特に重要である。

祖神国の二番目の王墓は須玖岡本遺跡

(一)　須玖岡本遺跡の三種の宝物

吉武高木遺跡の、東方にある須玖岡本遺跡は『春日市史』上巻(『一九九五年、春日市史編さん委員会編集、春日市発行)によると、

須玖岡本遺跡は福岡平野に突出した春日丘陵の北端にある低台地上に位地する。明治三十二年(一八九九)に長さ約三・三メートル、幅一・八メートル、厚さ〇・三メートルほどの花崗岩の大石を、土地所有者が家屋建設の妨害となるので、これを動かしたところ、下

から、後記のような多数の遺物が発見された。この大石の横には、一・四×一・二×〇・五メートルほどの花崗岩が大石に接して立っていたという。このような事情で、詳細については不明であるが、中山平次郎の熱心な努力によって、遺構の原状がほぼ明確になった。すなわち、大石は地上に露出していたが、この下に合わせ口甕棺が斜めに埋められていて、その内外に副葬品が置かれていた。これらの遺物は、発見とともに現地近くの地下に小室をつくって保存し、その上に大石を移して、旧状のごとく置かれたが、その後の考古学者の調査以来、遺物は漸次散逸していった。現地に遺存した遺物を破片にいたるまで極力、中山は収集し、また昭和四年（一九二九）の京都大学の発掘調査にともなっての探索で、結局つぎのような内容であることがわかった。前漢鏡三〇数面、細形・中細形銅剣、銅戈、銅矛計八本以上、ガラス璧、ガラス勾玉、管玉などで、三雲南小路の一号甕棺とならんで、質量ともに弥生時代墳墓の双璧をなす。

とある。

この須玖岡本遺跡の大石を見れば、これは支石墓であり支石墓は渡来系の墓制である。

そこでこの支石墓の下にある被葬者は、渡来系の人ではないかと推察されがちである。

そこで日本における支石墓から出土した人骨の調査報告を、高木暢亮著『北部九州における　弥生時代墓制の研究』で見ると、

支石墓から出土した人骨が判断の材料になる。糸島地方の福岡県新町遺跡では9号墓と19号、24号墓からこの時期の人骨が出土しているが、9号出土の熟年男性の人骨は低顔で鼻根部の陥凹や鼻骨の彎曲が強いという縄文人的な特徴をもっている。19号墓から出土した2体の人骨のうち、後から埋葬された19・1号人骨も低顔で鼻根部の陥凹が強いという縄文人的な特徴を示している。さらに24号墓出土の人骨も低顔、広鼻と縄文的な特徴を示している（中橋・永井、1987）。

このような人骨の特徴から、支石墓は必ずしも渡来集団の人々が埋葬された墓であるとはいえず、むしろ縄文時代晩期以来の各地域の集団が朝鮮半島の墓制である支石墓を取り入れたと判断するべきであろう。

とある。

須玖岡本遺跡からは人骨の出土はないが、大石の下にあったのは、北部九州特有の甕棺墓であり、北部九州王墓特有の鏡・勾玉・剣の「三種の宝物」であったのである。

⑵須玖岡本の三種の宝物は、前漢鏡と青銅の武器と日本製の勾玉

中山平次郎氏に教えを受けた原田大六氏は、『悲劇の金印』(七二頁)の中で、須玖岡本の甕棺(奴国)のことを、次のように、

中山平次郎は大正初年以降この地下室内から細片になった鏡片その他を採集発表したが、京大島田真彦の昭和四年の発掘で幕を閉じた。瑠璃璧は二片が出土している。(現品は関東大震災で焼失した)青銅鏡は、すべて前漢鏡であり、その種類は蟠螭鏡一面、方格四星草葉文鏡一面二十五・七センチメートル、重圏四星葉文鏡二面、最大径二十五・七センチメートル、星雲文鏡五面以上、重圏文銘帯鏡五面以上、内向花文銘帯鏡十三面、不明五面、合計三十二面以上である。従来この遺跡から夔鳳鏡が出

須玖岡本の王墓の上にあった巨岩(『実在した神話』原田大六著より)

須玖岡本の王墓の上にあった巨岩は、奴国の丘歴史公園(春日市)に移動、保存されている

土したというのは、他遺跡からの混入物である。武器は銅剣二、銅矛四、銅戈一である。玉類は瑠璃親勾玉、同子勾玉に同管玉。この甕棺も壁と鏡と武器と玉類であるが、中国製の壁と鏡、朝鮮系の銅武器、日本製の玉類となっていて、三雲南小路甕棺と同形体を保っている。武器の多いことから男王と考えられる。

とある。

一番目の王墓吉武高木遺跡には、鏡は一面であったが、この須玖岡本遺跡には、壁片二・前漢鏡三二面以上・勾玉二個以上・剣二その他多数が副葬されていた。正に王墓を証明する「三種の宝物」がある遺跡である。

この奴国の須玖岡本遺跡は、原田氏が生存されていた当時までは、伊都国の三雲南小路遺跡よりも新しいとされていた。しかし原田氏が永眠された後、原田氏宅にあった平原弥生遺跡の全出土品を私が担当して、伊都歴史資料館に展示していた平成二年四月、東京国立博物館から平原弥生遺跡出土の鏡について、借用の依頼があり、その鏡が東京国立博物館に展示されたので、見にいったところ、その時に発行された展示図録・特別展『「日本の考古学」その歩みと成果』(昭和六三年一〇月四日、東京国立博物館)を頂戴することができた。その図録の中の年表に「須玖岡本遺跡が古く三雲南小路遺跡の方が新しく表示」されていた。私は、この時の表示を手掛かりに須玖岡本遺跡と三雲南小路遺跡は、どちらが古くどちらが新しいかを考察した。

イ、奴国の須玖岡本遺跡には、奴国の吉武高木遺跡に続く標石がある。伊都国の三雲南小路遺跡には標石はない。それに続く伊都国の王墓にも標石はない。

ロ、奴国には、須玖岡本遺跡に続く後漢鏡をもった王墓はない。伊都国には、三雲南小路遺跡に続く後漢鏡をもった王墓がある。

ハ、右記のように、奴国の須玖岡本遺跡は、古い時代の奴国の吉武高木遺跡との繋がりがあり、伊都国の三雲南小路遺跡は新しい時代の後漢鏡を持つ伊都国の平原弥生遺跡との繋がりが強い。

ニ、奴国の須玖岡本遺跡の副葬品の、璧は片が二個、前漢鏡が三二面以上。伊都国の三雲南小路遺跡の副葬品の、璧は八個以上、前漢鏡三五面であり、伊都国の三雲南小路遺跡の方が、璧・鏡どちらを見ても副葬品が多い。同じ王墓を比べると副葬品が多いほ

須玖岡本出土の銅剣（東京国立博物館蔵、Image: TNM Image Archives）

うが、時代は新しいと見られている。私は、これらを考察して奴国の須玖岡本遺跡の方が古いと想定した。

（二）　須玖岡本遺跡と博多湾

この須玖岡本遺跡は、西に那珂川があり、東に御笠川がある。此の那珂川と御笠川は須玖岡本遺跡を挟んで北流し博多湾に流入しているが、その入口に住吉神社が存在する。この住吉神社の祭神は底筒男命、中筒男命、表筒男命、の三柱の神であり、先に博多湾における、イザナキの大神の禊で見てきたように、神代史の中に出て来る重要な神であった。

（三）　奴国で三種の宝物がある二つの遺跡の関係

吉武高木遺跡と須玖岡本遺跡の関係をみてみよう。伊都国以外で、伊都国より古い時代の三種の宝物を副葬していた遺跡は、この吉武高木遺跡と須玖岡本遺跡だけである。そこで両遺跡の関係を調査する。

① 副葬品とその時期。
一、吉武高木遺跡は、弥生中期初頭の鏡一面を含む勾玉と剣の三種の宝物を副葬していた。
二、須玖岡本遺跡は、弥生中期初頭より新しい前漢鏡三二面を含む勾玉と剣の三種の宝物を副葬していた。
② 王墓の上の標石。
一、の吉武高木遺跡の王墓の上には、標石があった。その標石は長辺の長さ一・七メートルで、二個以上の石が認められている。
二、の須玖岡本遺跡の王墓の上には、大石があった。その大石の長辺の長さ三・三メートルで、二個の石が認められている。
③ 地理的条件、その一。
一、の吉武高木遺跡は、室見川と日向川を東西に見る場所にある。その川は博多湾に入る。
二、の須玖岡本遺跡は、三笠川と那珂川を東西に見る場所にある。その川は博多湾に入る。
④ 地理的条件、その2。

一、の吉武高木遺跡も、二、の須玖岡本遺跡も、その二つの遺跡は、共に伊都国の東に位置する奴国である。

⑤　奴国の広さ。

一、『魏志』倭人伝によると、奴国は二万余戸である。その広さを考察すると、西は福岡市西方の元伊都国であった、旧糸島郡の今宿・周船寺・元岡・今津・北崎・飯場の各村を除く、福岡市の西方が奴国の西方にあたる。東方は博多湾に流入する多多良川の周辺までと、南方はその川の上流を含む広大な範囲であったと想定される。

(四)　以上のように検証してのまとめ

こうしたことから推定できる事項を以下に記す。

①　日本では、神代の時代から現代まで、「三種の宝物」と「三種の神器」が尊重されている。この「三種の宝物」の内、鏡と剣刀の物質文化は、外国からの渡来品である。しかし絶対に間違えてならないことは、日本での鏡、勾玉、剣刀の「三種の宝物」を尊重する文化は、日本独特の精神文化である。これによって分かることは、日本国家を創建したのは、日本人である。

②「三種の宝物」は、天孫降臨の証拠物件になる。
③伊都国一代目の遺跡は、三雲南小路遺跡であり、前漢鏡三五面を含む「三種の宝物」とその側からは、前漢鏡二二面と勾玉が出土している。
④伊都国二代目の遺跡は、井原鑓溝遺跡であり、後漢初期の「三種の宝物」の内、鏡二一面が出土している。
⑤伊都国三代目の遺跡は、平原遺跡であり、倭鏡・八咫鏡四面と後漢中期の鏡三五面を含む「三種の神器」と「三種の宝物」が出土している。
⑥伊都国に居た倭王の副葬品である、「三種の宝物」より、古い時代の「三種の宝物」が副葬されていた、奴国の一番目は、吉武高木遺跡であり、弥生中期の鏡一面を含む三種の宝物が出土している。この吉武高木遺跡の王墓こそ、日本で最初の勾玉、鏡、剣刀の「三種の宝物」を尊重する起原である。
⑦奴国の二番目は、須玖岡本遺跡であり、吉武高木遺跡の鏡より新しい前漢鏡三二面を含む「三種の宝物」が出土している。
⑧伊都国には「三種の宝物」がある。ところが、それ以前の古い三種の宝物がある国は奴国だけである。日本の最初で最古の勾玉、鏡、剣刀を尊重する文化を持つ奴国は祖神国であり、祖神の天照大御神がいたという証明でもある。その訳は、祖神の天照大

御神は、孫のヒコホニニニギの命に勾玉、鏡、剣の「三種の宝物」を授けていることによる。

⑨　最後にいえることは、天孫は祖神の奴国から前漢までの鏡を含む「三種の宝物」を持って、伊都国へ降臨した。その後伊都国では、

一、前漢鏡

二、後漢初期の鏡

三、後漢中期の鏡

これらを含む、三時代の「三種の宝物」を尊重する文化が定着した。この「三種の宝物」を尊重する文化の移動の証明こそが、奴国から伊都国への天孫降臨の証拠になると推定されるのである。

天孫降臨の現場の状況

(『古事記』の「邇邇芸命　3天孫降臨」の条その2について、以下述べる。

◎　天孫降臨の後半（これは、第二章で究明を残していた。）

故爾にアマツヒコホニニギの命に詔りたまいて、天の石位を離れ、天の八重たな雲を押し分けて、伊都《いっ》のちわきちわきて、天の浮橋にうきじまり、そりたたして、竺紫の日向《ひむか》の高千穂のくじふるたけに天降りまさしめき。故爾にアメノオシヒの命、アマツクメの命の二人、天の石靫を取り負い頭椎《くぶつち》の大刀を取り佩き、天の波士弓を取り持ち、天の眞鹿児弓を手挾み、御前に立ちて仕へ奉りき。故、其のアメノオシヒの命、アマツクメの命是に詔りたまひしく、「此地は韓国に向ひ、笠沙の御前を眞来通りて、朝日の直刺す国、夕日の照国なり。故、此地は甚吉《いとよ》き地《ところ》。」と詔りたまひて、底津石根に宮柱ふとしり、高天の原に氷椽《ひぎ》たかしりて坐しき。

とある。

一、アマツヒコホノニニギの命

① アマツヒコホノニニギの命は、天孫の天に相当する天照大御神（祖神）の孫であり、天孫の孫に相当する。

② 天照大御神の祖神国が証明されたのは、奴国である。

二、詔りたまひて

① アマツヒコホノニニギの命に、奴国にいた、祖神の天照大御神が命令されて、

三、天の石位を離れ、天の八重たな雲を押し分けて
① 天の石位を離れ、とは、日の出の太陽が、天の石屋戸を離れて、の意。
② 天の八重たな雲を押し分けて、とは、太陽が八重の雲を押し分けて昇るようす。
③ この一と二の表現は、天津彦ホノニニギノ命が、奴国から勢いよく出発する様子を、太陽の日の出に喩えた記述である、と推察される。

四、伊都《いつ》のちわきにちわきて
①『日本書紀』第九段（本文）には、「稜威《いつ》の道別《ちわき》に道別《ちわ》きて」とある。
②『古事記』では伊都と記し、『日本書紀』では稜威と記し、どちらも「イツ」と読んでいるが、三種の宝物を検証した結果は、天孫降臨の地は伊都国と推定されるので、「イツの道別に道別きて、」の「イツ」は、『古事記』の伊都の文字を尊重したい。

五、天の浮橋にうきじまり、そりたたして
① 天の浮橋にうきじまり、そりたたして、とは、太陽が浮橋（虹）の上に「うきじ

まり」（浮きながら動かないで）、背をのばして立つ様。

右は、太陽の動きを借りて、アマツヒコホノニニギの命が、伊都国の東方にある山並みの上に立つ場面を、喩えた表現になっている。

六、竺紫の日向の高千穂のくじふるたけに天降りまさしめき

① 筑紫の地である、伊都国の東方の山並みを見ると、その山並みの名称は南から、1、飯場峠、2、韓山、3、日向峠、4、東の原、5、クシフル山、6、高祖山、7、夏至の山がある。

② 第三章の「伊都国時代、三種の宝物を副葬する筑紫倭王の墓」の、三代目の大日霎貴の墓から①の東方の山並みを見ると、1、の飯場峠からの日の出は冬至である。7、の夏至の山の日の出との間の観側によって一年間の暦を知る事が出来るようになっている。

③ 私は、平原弥生古墳・大日霎貴の墓から約五キロ東方のその山並みの写真を、大日霎貴の墓を基点にして、何枚も撮り各地点からの日の出の月日を確認した。その中の必要と思える月日だけを表示すると、

1、飯場峠は、十二月二十二日。

東の原を中心とした山並みと日の出の位置
平原弥生遺跡西方約１キロの地点から撮る

2、韓山は、二月四日と十一月七日。
3、日向峠は、十月二十日。
4、東の原は、春の彼岸と秋の彼岸。
5、クシフル山は、九月一日から九月十日の間。
6、高祖山は、四月十九日と八月二十五日。
7、夏至の山は、六月二十一日。
以上がそれぞれの、日の出の月日であった。

④　山並みの名称と、日の出との関係

1、飯場峠の日の出は、冬至である。この冬至と正月は、年の終りと年の初めである。この時期は集落の住人が一つの場所に集まり飯を食べて、年の終りと年の始めを祝った名残りの名称であろう（『実在した神話』）。

2、韓山の日の出は、二月四日と十一月七日である。二月四日は、その年の農作業を始める頃である。十一月七日は農作業を終える頃である。韓山は、その農作業の始めと終りを知る山の名であったであろう。
3、日向峠の日の出は、十月二十日である。ここの解説を原田氏は、『平原弥生古墳大日孁貴の墓』の中で、

日向峠から秋の十月下旬に出た朝日の光芒が、平原弥生古墳の被葬者である女王の股間を射すのを、鳥居で神として祭っている。太陽はこの場合には男性で、女王はその妻と考えられる。

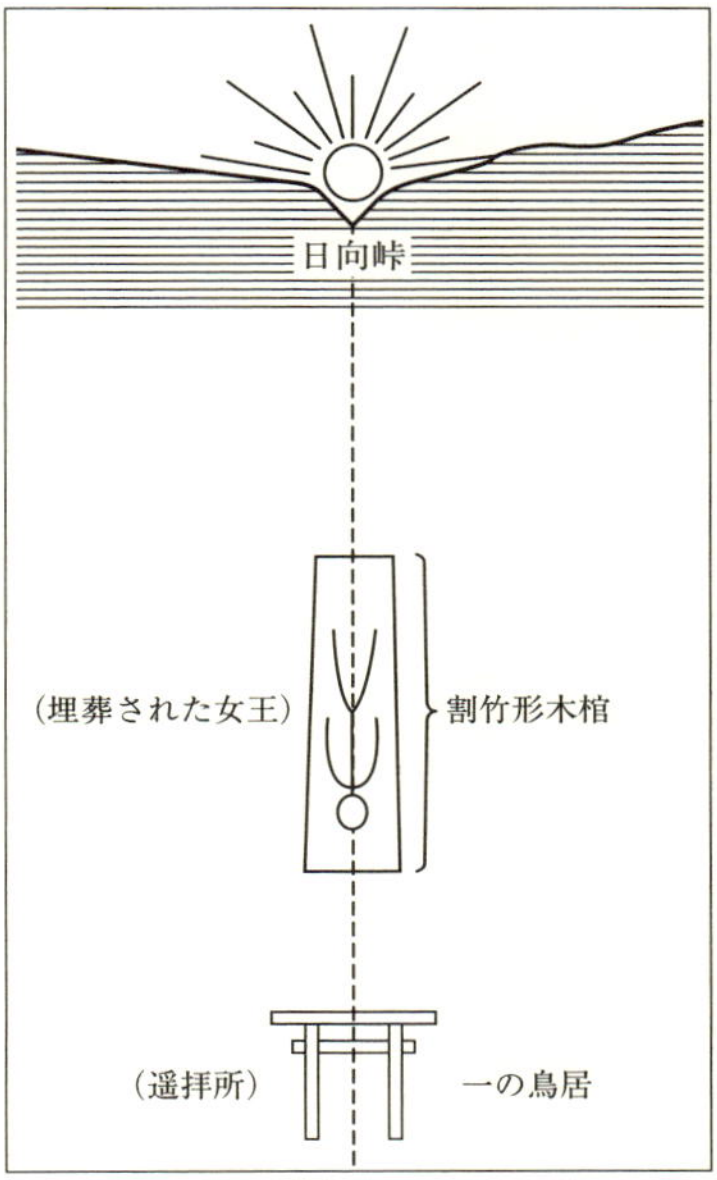

太陽と女王の一体化。10月20日の日向峠からの日の出の光が平原弥生古墳の被葬者(女王)の股間に射すのを鳥居を建てて神として祭る。太陽神は男性、女王はその妻とみなされた

と記述されている。

日向峠の日向という名称は、女王・大日孁貴の股間が日神の太陽に向かう事から付いた名称であろう。またこれによって、太陽と大日孁貴が一体になれる形

で、大日孁貴の墓が造られていることも推定される。
4、東の原の日の出は、春の彼岸と秋の彼岸である。東の原とは、大日孁貴の墓から見て東に当たることから付いた名称であろう。
5、クシフル山の日の出は、九月一日から九月十日である。民間では、この九月一日のことを二一〇日と呼び、九月十日のことを二二〇日と呼んで台風の来る日として、大変恐れられている。
『古事記』では、「くじふるたけに天降りまさしめき」と記述されている。このクシフル山のことであろうと推定される。またこのクシフル山の名称は、『糸島郡誌』（一九七二年、編者糸島郡教育委員会、名著出版）に、

> 椚は慶長の頃黒田長政高祖の南の野地を開き田地とすべしと手塚水雪に命令ありて水雪の努力に由りて新に村立できたるものなり。民家の後にあるをクシフル山と云ひしを誤りて椚と云ふにいたれり。当時の文書今手塚又五郎方にあり。

とある。古代からクシフル山と呼ばれていたことが分かる。
6、高祖山の日の出は、四月十九日である。この四月十九日頃は、稲の豊作を願いな

がら稲の種の準備を始める頃である。この山のことを原田氏は、『平原弥生古墳　大日孁貴の墓』の中で、

高祖山　高祖は古くは高磯と書き「タカソ」と読んだらしい。だが、これは古代からの名称そのものとは考えられない。クシフル山とともに二上山を形成していることと、北部九州の支配をシンボル化した山だとすれば、高千穂に関係があろう。タカチホ↓タカジオ↓タカソ↓タカスと変化しうる。

と記述されている。高祖山は稲の満作を願う高千穂山であった可能性がたかい。

7、夏至の山の日の出は、六月二十一日である。夏至の山という名称が付いていたのではない。この度の観側でその場所から夏至の日の出が見られたので便宜上付けた。しかしその場所は、高祖山の稜線を北に行った場所でそこだけ特に盛り上がった状態にある。一度覚えれば忘れられない山である。

七、筑紫の伊都国の東方の山並の考察

①　天孫が降臨した、竺紫の日向の高千穂のくじふるたけは、六で究明したように、

筑紫の伊都国の東方の山並みのクシフル山であったと想定される。
② この山並みは、奴国と伊都国の境界にある。祖神の奴国から伊都国へ降臨するには、この上なく条件が揃った山並みといえる。

八、故爾にアメノオシヒの命、アマツクメの命の二人、
① この二人は、アマツヒコホノニニギの命への奉仕者。
② 二人の所持品は、1、天の石靫、2、頭椎の大刀、3、天の波士弓、4、天の眞鹿児矢、を持って。

九、是に詔りたまひしく、「此地は韓国に向ひ、笠沙の御前を眞来通りて、朝日の直刺す国、夕日の照る国なり。故、此地は甚吉き地」
① 是に詔りたまひしく、とは、二人の奉仕者は、皆に分かるように、の意。
② 此地は韓国に向ひ、とは、正に伊都国の此地は、玄界灘を通して韓国に向いあっている。
③ 笠沙の御前を真来通りて、の笠沙には、三カ所の腹案がある。
一は、奴国の東方にある御笠川に関係する、笠沙の名称があるのではないか。

二は、奴国の西方、伊都国の東方にある、笠のような山の飯盛山に関係する、笠沙の名称があるのではないか。

三は、伊都国の東方の山並みの北側の夏至の山。この山の名称が判明しないのは残念だが、この山の周辺は、一九五五年頃までは白い砂肌が沢山見えていた。笠沙の名称に相応しい場所であった。
④ 朝日の直刺す国、夕日の照る国なり、故、此地は甚吉き地、とは、降臨する伊都国の土地をたたえた褒め言葉である。

十、底津石根に宮柱ふとしり、高天の原に氷椽たかしりて坐しき。
① 底津石根に、とは、大地の岩盤にしっかりと。
② 宮柱ふとしり、とは、ふとい宮柱が知れ渡るように確りと立て、
③ 高天の原に、とは、二つの高天の原の意味がある。
1は、天上界の高天の原をさす。天に向けて高々との意。
2は、天照大御神（八咫鏡）が存在する伊都国をさす。
3、ここの場合いは、その両方をさすと思われる。
④ 氷椽たかしりて、の氷椽とは、古代建築の屋上の両端に突き出ている千木のこと。

たかしりて、とは、高く知れ渡るように確りと立て。

⑤　坐しき、とは、お住みになった。

第四章のまとめ

(1)　奴国と伊都国

①　祖神国は、奴国であった。奴国には、日本の最初で最古の「三種の宝物」を持つ王墓がある。

②　天孫は、奴国にあった勾玉、鏡、剣刀を尊重する文化を持って、伊都国へ降臨した。

③　奴国と伊都国の境界にある山並みに、天孫降臨に関係する名称がついている。その名称は、伊都国の三代目の筑紫倭の女王・大日孁貴の墓との関係がピタリと一致しているのである。

第五章　天孫は奴国からなぜ伊都国へ降臨したか

伊都国と奴国

『魏志』倭人伝によれば奴国は二万余戸あり、伊都国は千（万）余戸ありと記載されている。『魏志』倭人伝の時代は三世紀であり、天孫降臨の推定紀元は一世紀頃と見込まれていてその違いはある。

それにしても奴国の西には福岡市早良区の吉武高木遺跡があり、東は福岡市を越えて春日市の須玖岡本遺跡までも包含しているのである。そしてまた、須玖岡本遺跡周辺は、弥生銀座と呼ばれるほどで、当時としては、最新技術の遺跡の密集地帯でもあると報告されている。

これに対して伊都国は、天孫降臨以後の王墓はあるが、その面積は旧糸島群の広さであり、福岡市だけの奴国と比較しても、問題にならないほど伊都国は小さな国である。その小さな伊都国になぜ降臨しなければならなかったのかの問題がある。本章ではその問題を追究して解答をだす。

天孫（祖神）がいた奴国と降臨の伊都国

（一）　奴国の博多湾

倭国の弥生時代で一番重要な産業は、水稲耕作であった。世界の歴史を見ても人口の増加と人間文化の発展は、食糧の確保が最重要視されている。特に我が国では、水稲耕作が始まって以来、米は日本人の重要な主食である。さらに江戸時代には、殿様の評価も米の石高で標示されていた、それだけに米は大きな財産であった事が分かるのである。

この水稲耕作を巡っては、良いことばかりではない。良いことは食料不足で餓死することが少なくなり、生活が安定し人口が増加して、文化の発達に繋がると推定される。しかし悪い事もある。その悪い事の第一は、水稲耕作に必要な土地と、水稲耕作によって生産された財産の米を巡っての争いである。人間は欲深いものであり、欲しい物があればそれを巡って争いが始まる。それらの為に水稲耕作に必要な鉄器もあったであろうが、それ以上に争いの為に必要な青銅武器や鉄武器が必要とされて、その輸入が博多湾を基点にして、国際的に重要視されるようになっていった形跡がある。

また悪い事の第二は、倭国独特の風習で、これは拙著『日本国家の起原と銅剣・銅矛・銅戈・銅鐸の謎』で詳細に記述しているように、北部九州では台風をタケハヤスサノヲと呼んでいた。その他の地方では台風をヤマタノオロチと呼んで、水稲耕作に大きな被害をもたらす台風の厖大な被害を軽減するために幼い少女を、台風の中にヤマタノオロチがいると信じてそのヤマタノオロチに生贄として、その少女を出していたのである。

この悪い風習を打破する為に取られた手段が、天照大御神の弟であるハヤスサノヲの命が実行した、銅剣・銅矛・銅戈・銅鐸の四種の青銅祭器を使って、台風ヤマタノオロチを退治追放するという、台風退治追放祈願祈禱であった。

その台風退治追放祈願祈禱が認められて、この四種の青銅祭器は大八島国に広まって行ったのである。その証拠の品が西は対馬から東は現在の静岡県までの広い範囲から出土している弥生時代の四種の青銅祭器である。この為にこの四種の青銅祭器の現物と材料が大量に必要とされるようになったのである。

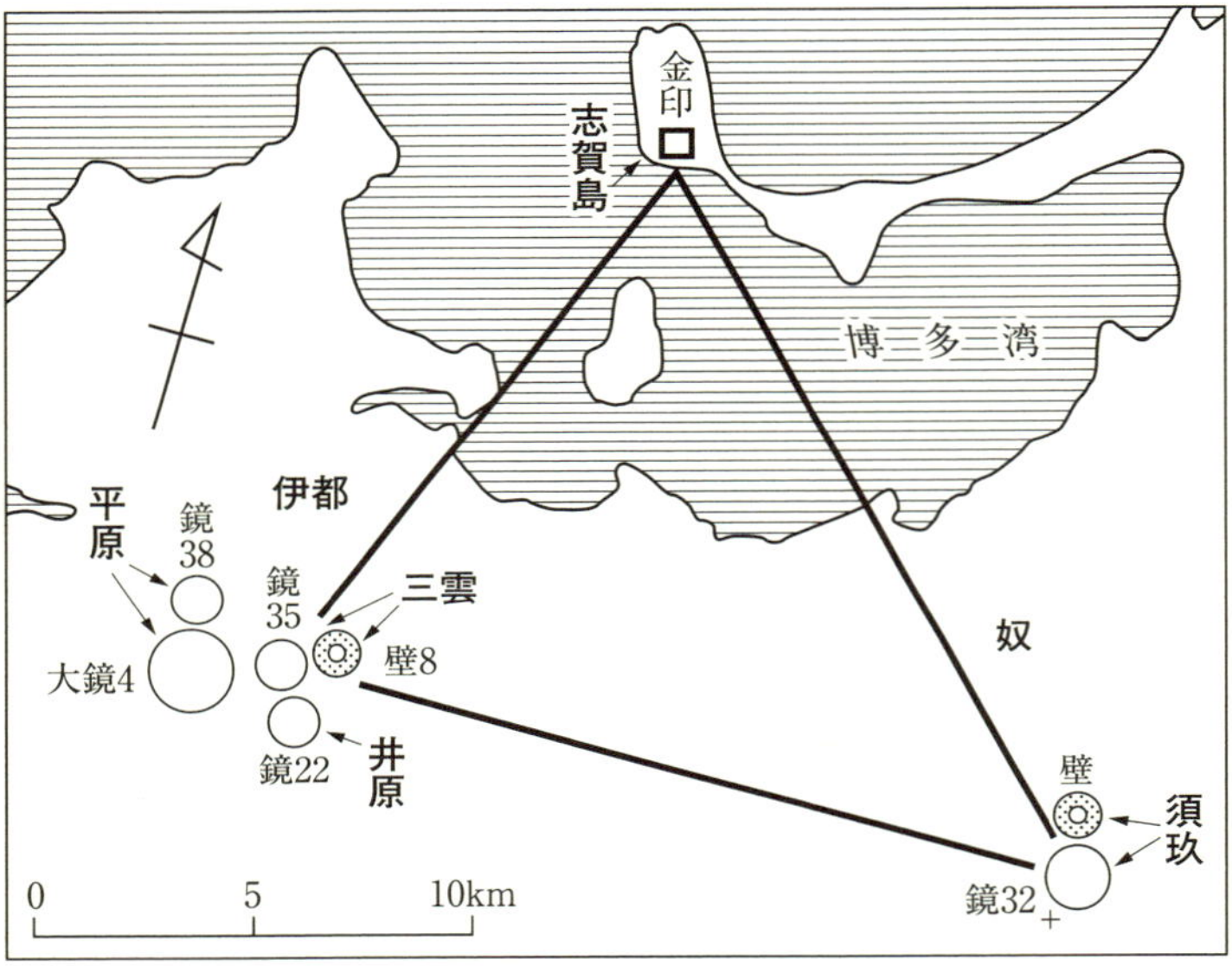

奴国の博多湾と伊都国の関係

このように輸入品の第一は、水稲耕作を助けるための鉄器と青銅器の現物とその材料である。第二は欲望を満たす為の武器である、第三は水稲耕作に大きな被害をもたらす台風ヤマタノオロチを退治追放する為の四種の青銅祭器の現物と材料を輸入することであった。

その水稲の最初の種子は外国からの渡来であり、次に重要な鉄器と青銅器の現物と材料も外国からの輸入であった。このような弥生時代の青銅器と鉄器の現物と材料は、最初は朝鮮半島からの輸入であり、その後は中国華北地方からの輸入である、と想定されている。

①　倭国の弥生時代で重要な経済活動は、先進文化を持つ外国との交流であった。特に進んだ物質文化がある朝鮮半島や中国との交流が必要とされた。その外国との交流の基点になったのが、奴国においては博多湾であった。

その奴国が、博多湾を基点にして中国と交流していた証拠物件が、博多湾の入口の志賀島から出土した「漢委奴國王」と陰刻され中国の皇帝から下賜された金印である。この金印を貰った奴国王は、中国との交流許可証を手に入れたようなものである。

②　しかし博多湾を持つ奴国には、大きな競争相手があった。その競争相手とは、奴国よりも朝鮮半島や中国に近い距離にある、唐津湾を持つ末盧国である。

(二)　末盧国の唐津湾

二万余戸の奴国の西には、千(万)余戸の伊都国があり、その西に四千余戸の末盧国がある。

この末盧国と唐津湾の関係は、奴国と博多湾の関係に良く似ている。末盧国にとって唐津湾は、朝鮮半島や中国との交流の基点であった。その唐津湾は、奴国の博多湾よりも朝鮮半島や中国への近くにあり、朝鮮半島や中国との交流には地の利をえた場所にある。

その地の利をえた証拠の一つとして、唐津湾の西にあるのが、倭国で最古の水稲耕作の地と見られている菜畑遺跡である。

① この菜畑遺跡については、『東アジアからみた日本稲作の起源』（四回国際シンポジウム、一九九〇、福岡県教育委員会）の中で、九州大学文学部教授西谷正氏は、次のように記している。

菜畑遺跡に見られる日本最古の水稲耕作は、……当時の日本において野生稲が存在しない以上、稲作の起源地を日本以外に求めるのは当然のこととして許されよう。まず、磨製石器を見ると、菜畑遺跡とその近くの他の遺跡では、上述の石庖丁や各種の石斧のほかに、縄文時代晩期後半のうちに、石鏃や石剣をも含んでいるが、それらの型式は、いずれも朝鮮半島の南部地方のものに酷似する。……日本稲作の起源地が、朝鮮南部にあることは動かし難い事実といえる。

このように朝鮮半島に近い末盧国の唐津湾の西海岸に位置する菜畑遺跡に、日本最古の水稲耕作が認められている。

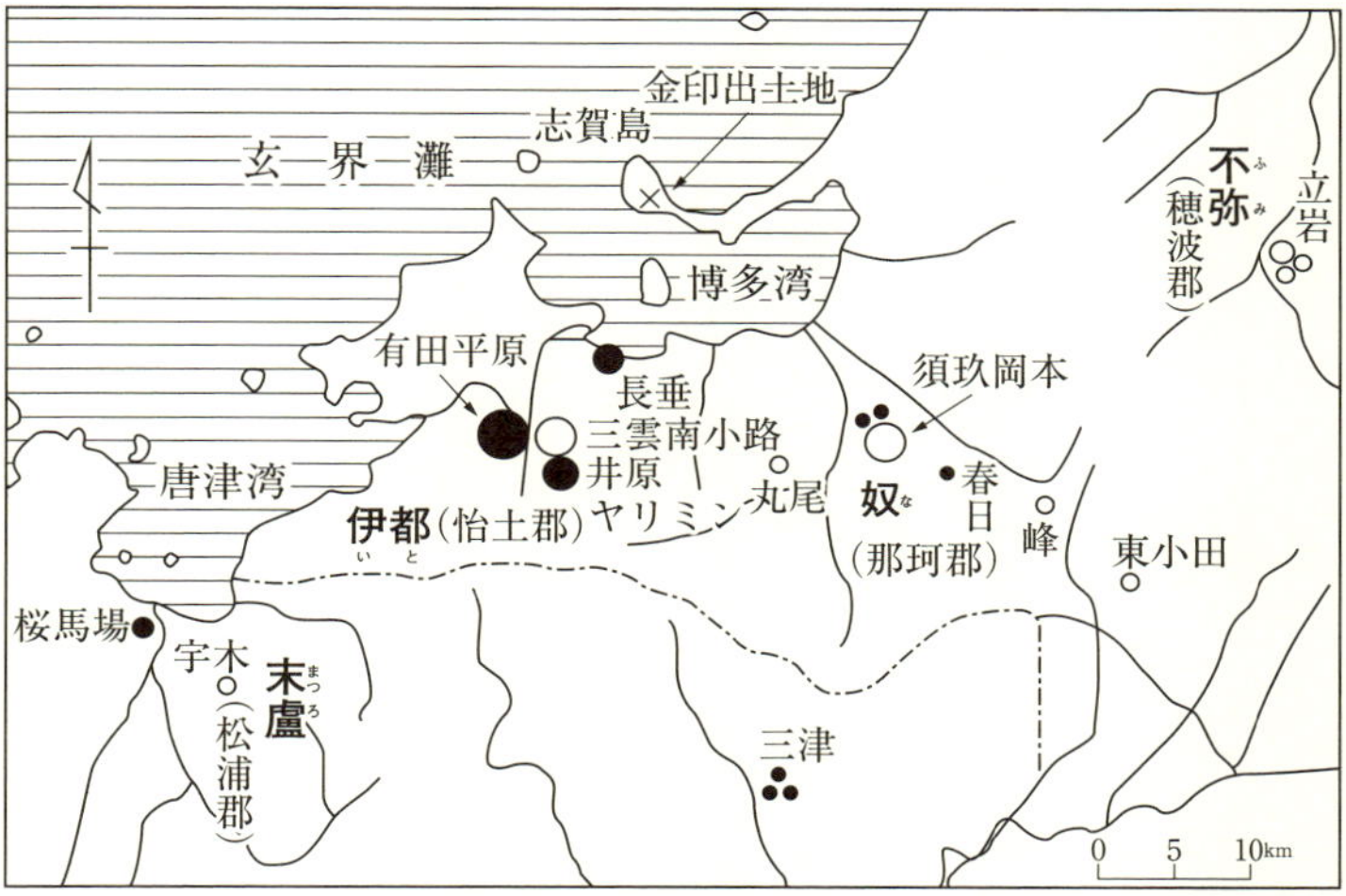

弥生時代の北部九州。鏡を副葬していた弥生古墳の分布。○は前漢鏡、●は漢中期の鏡丸の大小は鏡出土の多少による

② 次に水稲耕作が認められているのは、伊都国の曲り田遺跡である。この曲り田遺跡の記録は、『石崎曲り田遺跡Ⅱ』（一九八四年、福岡県教育委員会）によって報告されている。これを要約すると、

> 「曲り田遺跡」からは、山ノ寺式土器に次ぐ、夜臼式土器すなわち縄文時代晩期終末期の文化層から、炭化米および籾の圧痕と鉄器とが発見されている。

とある。

夜臼式土器すなわち縄文時代晩期終末期の文化層から、炭化米と籾の

あっ痕の発見も大切であるが、それ以上に大切なのは、鉄器の発見である。この発見が日本で一番古い鉄器の発見であり、青銅器より古い時代の発見である

③　次に水稲耕作が認められているのは、奴国の板付遺跡である。この板付遺跡は、『福岡県の歴史』（一九九〇年、川添昭二ほか著、光文館）から要約すると、

「板付遺跡」からは、縄文時代晩期終末期の夜臼式土器の文化層から、本格的な水田が発見されている。その水田には、南北にのびる幅五十センチの土盛りの畦があり、田の界をなす。この畦は、細長い割板を横に渡して側面を杭で留めている。東西にのびる畦は、調査区内には現われておらず。したがって、水田の一区画は、用水路に沿った南北に細長い六〜十×五十メートル以上で、面積五〇〇平方メートル以上の大形水田となっている。

とある。

面積五〇〇平方メートルというのは、五アールのことで約百五十坪である。菜畑遺跡のある末盧館の案内によると、日本最古の菜畑遺跡の水田一枚の大きさは十坪以下であ

るといわれている。板付遺跡はその百倍以上であり、しかもその畦畔は、杭や矢板で補強してある見事な水田となっている。

以上のように、末盧国で最初に水稲耕作が始まり、次に伊都国や奴国に於いて水稲耕作が始まっている。これらの水稲に関する文化は、朝鮮半島から輸入された物であると、それらの遺跡の解明によって立証されている。このようにして、外国と交流するには末盧国・伊都国・奴国が一番重要は地方であった事が分かるのである。

① 次に、『風土記』(日本古典文学大系2、校注者秋本吉郎、一九九一年、岩波書店)の「肥前国風土記」の「松浦の郡」の条を要約すると、
末盧国が、松浦の郡と呼ばれるようになった時代、第十四代仲哀天皇の皇后気長足姫尊、新羅遠征の途中に此の郡にきて、玉嶋の小河で年魚を釣られたと記述されている。また第二八代宣化天皇の命を受けて、大伴の狭手彦の連が、任那の国や百済の国に渡る時にこの村に来て、篠原村の弟日姫子と結婚した、その大伴の狭手彦の連が任那に渡る時に、妻の弟日姫子が唐津湾の見える褶振の山(鏡山)に登って、褶を振って別れ難を表す。

とある。

この弟日姫子の別れ難き場面を、『万葉集』巻第五には、次のように、

三島の王、後に松浦佐用姫が歌に追和する一首
八八三　音に聞き　目にはいまだ見ず　佐用姫が　領巾振りきとふ　君松浦山

とある。

この歌の意訳は、「噂には聞いたが　目にはまだみたことがない佐用姫が　領巾を振ったという　君まつら山は」と記述されている。ここに、「君松浦」を「君まつら」と記されていて、特に「まつ」の二字には「まつ」を強調する黒い点が付けられている、「まつ」は「待つ」のことである、その意味は、「君を待つ浦」のことであろうと推測される。

末盧国は、後には松浦の郡と呼ばれていたが、その末や松には待つの意味があって、外国からの帰還を待つ土地としての意味があったと推測される。このように外国との距離が近いことから、いつの時代になってもこの末盧国は、外国との交流の記録が残され

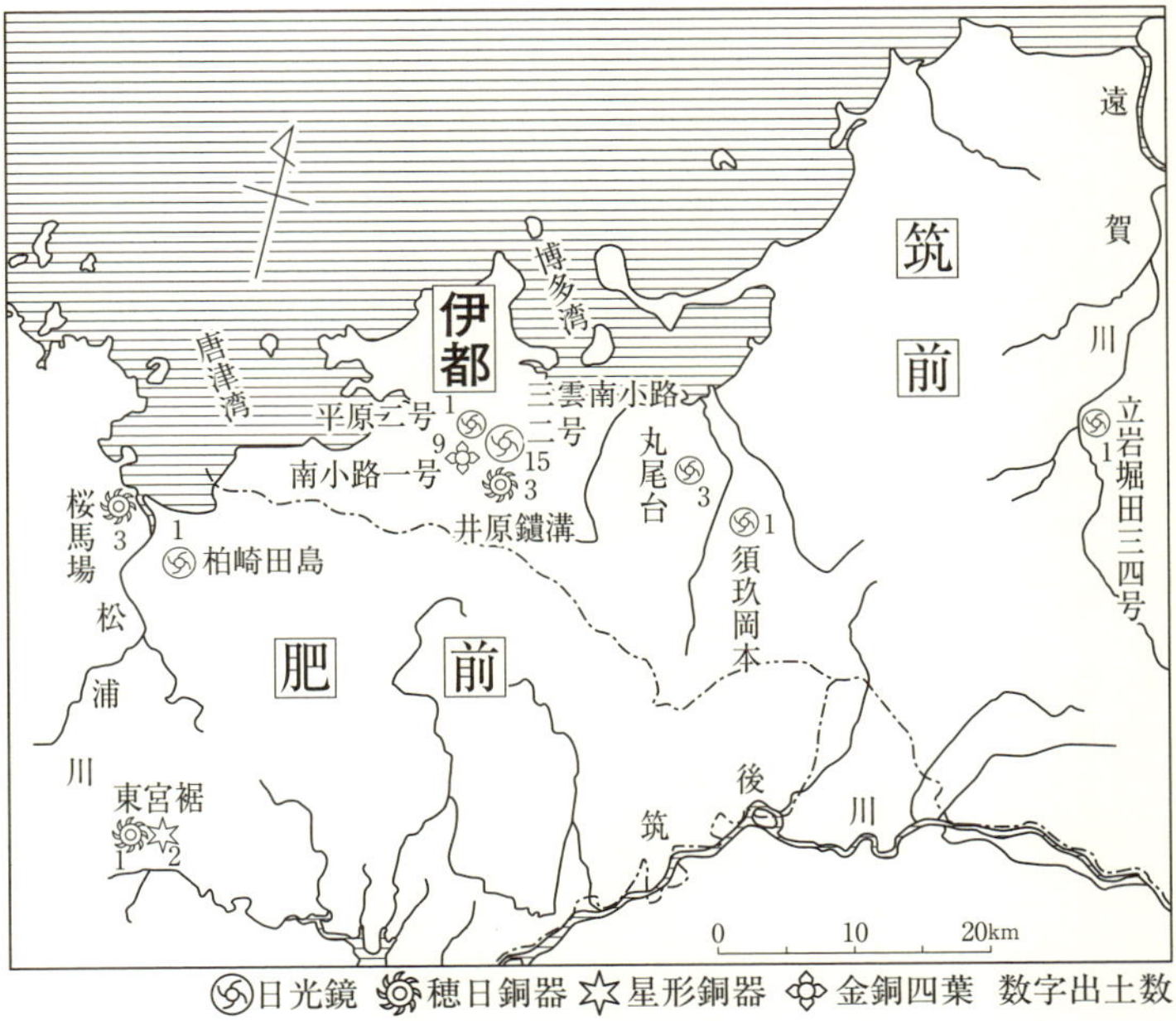

博多湾と唐津湾の中心にある伊都国

て、重要な基地であったことが分かる。

(三) 末盧国と奴国との間にある伊都国

① 奴国の博多湾の西に接する、今宿・今津・北崎・周船寺・元岡・飯場の各村は、今は福岡市になっているが、福岡市に合併する以前は糸島郡であって伊都国の東部であったと推定されている。この伊都国の東部は博多湾の一部である。また伊都国の西部と推定されている、芥屋・小富士・加布里・深江・福吉は、末盧国が所有する唐津湾の一部である。このように伊都国は、奴国の博多湾の西部と末盧国の唐津湾の東部を占有する位置にある。

② 奴国は二万余戸の実力を持っていた。その奴国で発生した三種の宝物を尊重する天孫は、外国との交流のためには博多湾は元より、外国に近い唐津湾をも支配したいという願望が起きたと推察されるのである。

③ その天孫の願望は何であったのか、またその願望が達成されたか否かについては、『魏志』倭人伝の中の伊都国と末盧国との関係で見ることにしよう。

(四) 『魏志』倭人伝の中の伊都国と末盧国

① 『魏志』倭人伝には、次のように、

対馬の国に至る。その大官を卑狗といい、副を卑奴母離という。……また南一海を渡る……一大国に至る。官をまた卑狗といい、副を卑奴母離という。……また一海を渡る千余里、末盧国に至る。……東南陸行五百里にして、伊都国に到る。官を爾支といい、副を泄謨觚・柄渠觚という。千余戸あり。世々王あるも、皆女王国に統属す。郡使の往来常に駐まる所なり。東南奴国に至る百里。官を兕馬觚といい、副を卑奴母離という。二万余戸あり。……特に一大率を置き、諸国を検察せしむ。諸国これを畏憚す。常に伊都国に治す。……郡の倭国に使いするや、皆津に臨みて捜露し、文書・賜遺の物を伝送して女王に詣らしめ、差錯するを得ず。

とある。これを見て分かることは、

1、対馬の国の大官は卑狗、副は卑奴母離……大官と副官がいた。

2、一大国の大官は卑狗、副は卑奴母離……大官と副官がいた。

3、末盧国の大官はなし、副もなし……この地は倭国での最初の上陸地点でありながら、一番必要な大官も副官も置かれていない。

4、伊都国の大官は爾支、副は泄謨觚・柄渠觚……大官と副官二人がいた。その上に、邪馬台国から派遣された一大率が置かれていた。

5、奴国の大官は兕馬觚、副は卑奴母離……大官と副官がいた。

この中で末盧国は、倭国での最初の上陸地点であり、倭国最初の重要地点でありながら、大官も副官もいない。そして次の伊都国だけに、大官と副官二人がいて、その上に一大率までもいたのである。これを見ただけでも伊都国が一番重要な立場にあることが分かるのである。

何故邪馬台国は、伊都国に一大率を置いたのであろうか、次にはその事を考察しよう。

6、諸国に置かれている官以外に、邪馬台国からは一大率が派遣されていて、その一大率は、「常に伊都国に治す」と記されている。治とは『大漢和辞典』によれば、

をさめる。イ、政を布き民を統御する。ロ、きまりをつける。とりはからう。とりしまる。ハ、ただす。鎮める。平げる。安んずる。をさめ導く。

などの意味が記されている。

要約すると「治」とは、国を統治・監理する役職と権力のことである。そこで『魏志』倭人伝を見ると、一大率は、諸国を検察したので、諸国はこれを怖れ憚ると記されている。また一大率の役職として、他国の使いが来ると、皆津に臨みて持参の物をはっきりさせて、文書・賜遺の物を伝送して女王に送って間違えることはなかった。という意味のことが記述されている。

その一大率が伊都国にいて、一大率の役職を実行していたと推察される。これは、伊都国が一大率と一体になって、末盧国での上陸手続きや監理一切の統治を遂行していたのではないか、と推定されるからである。この事こそが、奴国から、天孫が伊都国へ降

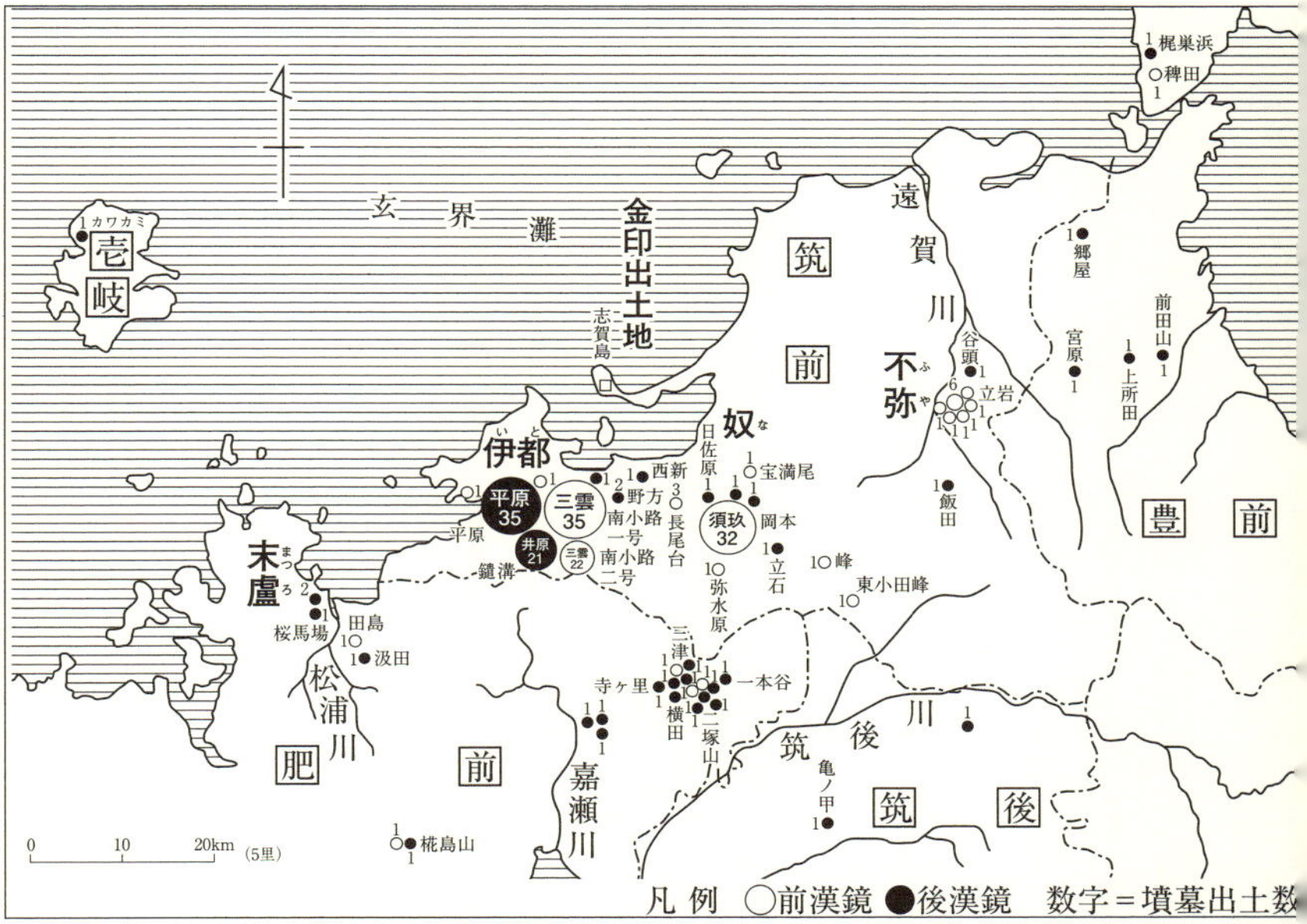

鏡の多少がその当時の権力の大小を物語る

臨する事の一番の目的であったと推定されるのである。この『魏志』倭人伝の記録は、天孫降臨の時代との違いはあるが、倭国と外国との交流の地理的条件に変りはない。

天孫は、外国との交流強化の為に、奴国から伊都国へ天降りして、その先の末盧国を支配し、その末盧国の唐津湾を基点にして、外国との交流を強化したと推定されるのである。その天孫が希望した目的であるそのことが、なぜ『魏志』倭人伝の記録の中に、引き継がれているのであろうか、そのことを知る為には、伊都国と邪馬台国の関係を知らなければならない。

（五）伊都国と邪馬台国との関係

第二章で解明したように、天孫降臨の地である、伊都国の三代目の倭の女王は、大日霎貴、またの名天照大御神、またの名玉依姫であった。『古事記』によるとこの玉依姫は、神倭イハレビコの命（神武天皇）の母である。

この神倭イハレビコの命（神武天皇）は、九州を出発して幾他の困難を乗り越えて、

奈良の畝火の白檮原宮に坐しまして、天の下治らしめしき。

とある。

その時期を知る為に、『後漢書』東夷列伝・倭の条を見ると、

後漢の桓帝、霊帝時代（一四七〜一八九年）に倭国は大いに乱れ、

とある。

右の資料によって、紀元二世紀の終り頃に、神倭イハレビコの命（神武天皇）は、九州から大和に遷都して、創建したのが大和朝廷であり邪馬台国であった。その証拠になるのが、二世紀までの鏡文化の中心は、伊都国を中心にした北部九州にあり、そして三世紀以降の鏡文化の中心は、奈良を中心にした大和地方にあるのである。

平原弥生遺跡の玉依姫・大日孁貴・天照大御神の墓前でと八咫鏡を使用し再現された神事

これらの資料によって分かることは、中国から一度に一〇〇面の銅鏡を貰った邪馬台国の女王卑弥呼は、玉依姫の血筋に当たることである。また、伊都国は邪馬台国の先祖の地であることも、知ることが出来るのである。

右の事が分かって見れば、奴国から伊都国へ降臨した天孫の目的が、三世紀の伊都国と邪馬台国から派遣された一大率に引き継がれている、その意味が理解出来るのである。

総括と第五章のまとめ

推定できた事項は以下の通りである。

天孫降臨は天空の天上界からの降臨ではない。その証拠になるのが、三種の宝物である。この三種の宝物を尊重する精神文化は、三種の神器となり、実在した日本の歴史の証拠物件として、何度も日本の歴史の中で記録されているのである。

それは天皇の継承に必ず必要な三種の神器であり、伊勢神宮で祭祀されている八咫鏡であり、熱田神宮で祭祀されている草那芸剣である。この三種の神器は天空の天上界から決して降りて来た物ではない。地上から次の地上へ遷されてきたのである。

この三種の神器に、類似している三種の宝物を尊重する文化は、弥生時代の奴国の吉武高木地方で始まっていたという証拠物件が、吉武高木の三号木棺墓に副葬されていた鏡・勾玉・剣の三種の宝物である。この鏡・勾玉・剣の三種の宝物を尊重する文化は、この奴国で開発されたのである。この鏡・勾玉・剣の三種の宝物を尊重する文化は、日本人が開発したのであり、日本人独特の精神文化である。正に、日本国家の起原がここにある。これによって、天孫降臨は、外国人による外国からの降臨ではないことが分かるのである。

天孫ヒコホノニニギの命は、この奴国で開発された、鏡・勾玉・剣の三種の宝物を尊重する文化の中から、この三種の宝物を持って、伊都国へ降臨したのである。

その天孫の降臨目的は、外国との交流を強化する為に、外国との交流に必要な博多湾に加えて、唐津湾がある末盧国をも、直接に支配する為であったと推定されるのである。

第二部　平原王墓と国宝の大鏡について

本項は平成十九年十二月二十日、前原市役所にて「玄界灘風景街道「糸島魅力みつけ隊」ネットワーク協議会　歴史文化グループ第三回ワークショップの講演をもとにした「平原王墓と国宝の大鏡」をもとに一部修正しました。

ありし日の原田大六氏、昭和53年11月3日、
西日本文化賞受賞記念、片山摂三氏撮影

原田大六先生と平原弥生遺跡

私は、平原《ひらばる》遺跡のすぐ傍に生まれました。七十四年間、前原市（現糸島市）の平原にずっと住んでいます。代々農業を営んでいます。

昭和四十年一月十八日、近所の井手信英《いでのぶひで》という当時十九歳の青年が「蜜柑の木を植えるために、有田の二番地を掘っていたところ、その溝から沢山の鏡の破片が出た」という記事が、地元の新聞である「糸島新聞」に載りました。私は早速、その井手信英さんの家に行きましたところ、家に入ってすぐ、肥料の袋に入れられたたくさんの鏡の破片を見せられました。あんなに沢山の鏡の破片を見たのは初めてでした。

高校生の頃、写真では一つ二つの鏡を見たり、話に聞いたりしていましたが、目の前にあるたくさんの鏡の破片には、私でも読める漢字がたくさん書かれていましたので、「そう古いものではなかろう」と思いながら、すぐ出土した現場に行きました。

出土現場に行きますと、大きな溝が掘られています。その溝の中ほどに、少し掘り広げられたところがありました。その近くに行って、よーく見てみますと、何か見なれぬものが落ちていました。後から聞きますと、管玉《くだたま》というものでした。一つだけ赤い瑪瑙《めのう》の管玉がありまして、その他は人間の骨にガラスが巻き付いたような状態の管玉が十個から十五個くらい。「珍しかなあ」と思って、それを持ち帰り、新聞紙に包んで家の下駄箱の上にポイと置いていました。

そして、そのことを忘れたように、農業に励んでいたわけです。そうしたところが、四、五日した頃ですか、二月一日か二日頃から「何か、調査の始まっているばい。なんか大勢来て、何か調査をしてある」というのを聞きまして、すぐまた出土現場に行きました。

昭和四十年の二月、まだ雷山《らいざん》には雪が積もっていて、現場の水溜まりには氷が張っていました。その中で、前原中学、怡土《いと》中学の生徒、糸島高校の生徒、それと近所で雇われた何人か、桶に水を張って、その中にショウケ（野菜等を水洗いするときに使用するザル。水切りが良い）を入れて、冷たい冷たい水の中で何か洗っています。

五〇から八〇センチ位の溝が掘られ、外に上げられたたくさんの土を水の中で洗っている。「何をしているの」と聞いたら、「このたくさんな土の中に、小さな玉やら鏡の破片やらたくさん混じっている。それをいちいち篩《ふる》って、見つけ出さないといけない」と、「ほおー、そげん大事なものが、ここに埋められていたのだろうか」と大変ビックリしまして、家にとって返して、下駄箱の上の出土品を現場に持っていき、そこの責任者に渡しました。

その責任者が原田大六先生（大正六年、福岡県糸島生まれ。日本考古学と古代史を研究。平成一八年に国宝指定された平原遺跡からの出土品のうち、特に内行花文鏡《ないこうかもん》と呼ばれる直径四六．五センチの大鏡について「八咫《やた》の鏡」説を提唱）だったのです。怒られるかと思ったが、非常に喜ばれて、「遺跡というものは」という話をしていただきました。

それから、ずーっと二十年間、原田先生とのおつき合いが始まったわけです。

後から、先生のお人柄とか、行われた発掘調査とかたくさん聞くことができましたが、その当時は、私の本職は百姓で、先生の話が面白いばかりで、面白半分に毎日毎日聞かせてもらいました。

私にとって、なにか責任があるわけではなく、楽しく話を聞かせてもらいました。こんなに良いことはないわけです。先生と酒を飲んだり、先生が車を必要とされるときには私の車を運転して、その当時は、志登支石墓《しとしせきぼ》収蔵庫というのが伊都《いと》文化会館の前にありました。出土品をそこに持っていって収納されていましたので、それを加勢するとか、少しずつ原田先生の仕事を手伝うようになりました。

天孫降臨の地の最後の王の墓

その明くる年、昭和四十一年の六月頃だったと思います。原田大六先生は、たくさんの出土品を整理している途中で、「人に見せる状態ではなし、報告する状態ではないが、まずはこれだけは知っておいてもらわなくてはいけない」と、『実在した神話』(学生社)という本を発行されました。

そのなかで、「一番大事なものは、天孫降臨の地の最後の王の墓が見つかったんだ」ということです。なんでそれが証明できたかというのは、「古事記・日本書紀に載っている『八咫の鏡』と『八尺勾玉五百津美須麻流玉《やさかまがたまいほつのみすまるのたま》』この二つがキチッと証明できた」ということが、書かれています。

平原弥生古墳の被葬者は誰であるか

神話の高天原《たかまがはら》の物語りのほとんどは、じつは北部九州の弥生時代の最後の史実によっている。また日本神話の実態を証明してきたのは、ひとえに平原弥生古墳によっている。ではこの古墳に葬むられた人物は神話の中のだれにあたるのであろうか。

神明造《しんめいづく》りの殯宮《もがりのみや》で、八咫《やた》の鏡を所持し、太陽の妻であり、祭日が神嘗祭《かんなめさい》に近い日で、神として祭られたというのが、平原弥生古墳の被葬者《ひそうしゃ》の本質的性格である。神話ではいうまでもなく、天照大御神《あまてらすおおみかみ》に相当する。

高天原《たかまがはら》のことは史実としては最後であった。日向《にっこう》三代の最後に登場する女性が問題だったのである。


と、こう書かれています。

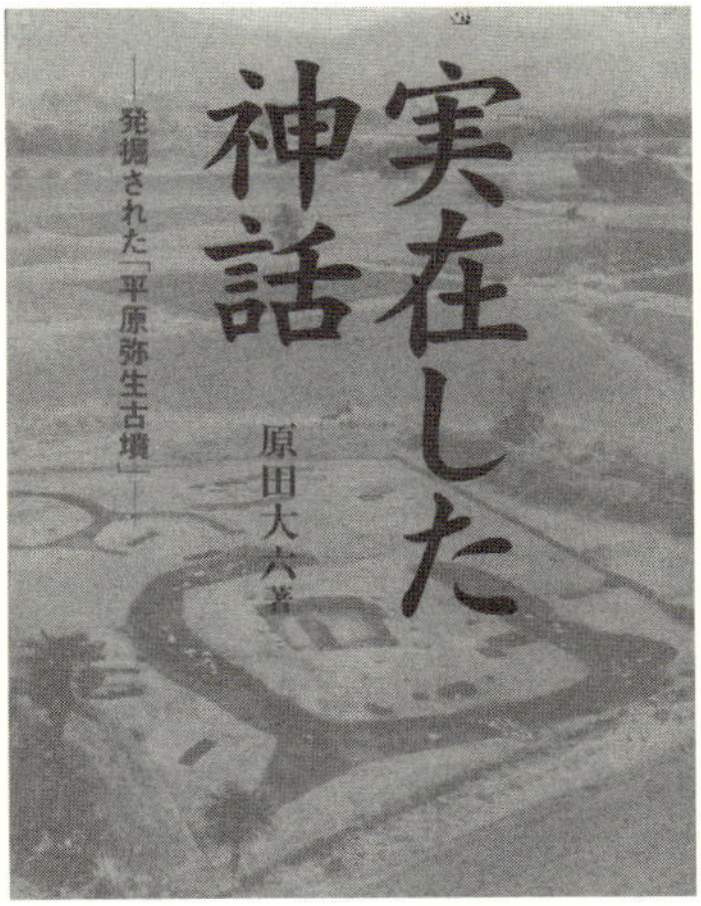

『実在した神話』カバー。1998年に刊行された新装版（学生社刊）

発掘当時の状況は、平原遺跡の報告書(『平原弥生古墳　大日孁貴《おほひるめのむち》の墓』)に写真や現場の状況が全部出ていますので、それをみていただきたいと思います。

その当時、この平原遺跡について「八咫の鏡が実在した」という新聞報道がありましたので、見学者は押すな押すなでございました。

その整理も大変でしたでしょうが、現場が荒らされないように、テントを張って、二十四時間の管理・監視体制をしきながら、その年の五月十七日まで発掘調査が行われました。

最初の一カ月間は、原田先生個人の発掘調査で自費を出されています。三月から三月末位まで県の費用が出ています（国庫補助金の交付を受けての福岡県教育委員会としての調査は三月五日から二十日まで）。県の費用は三分の一ばかり調査費用として出ています。県の費用は途中で終わって、その後の発掘調査はまた自費で行われています。

原田大六先生がそれだけ念入りに調査を行われた理由は、沖ノ島、福岡県宗像市にある玄界灘に浮かぶ周囲四キロの孤島。宗像大社の神領で古代祭祀遺跡があります。海の正倉院ともいわれているところです。この調査経験があったからです。

先生は沖ノ島の報告書を書かれていますが、始めは九州大学の調査員が入られて、原田先生は人夫として入られたそうです。ところが、発掘調査の整理状況をよく見ていると、写真の撮り方が悪く、報告書に役に立たないような写真ができている。

「これでは、報告書の役には立たないのではないか」と指摘されて、それが大問題になって、宗像（当時は福岡県宗像郡宗像町）に日本考古学会長を呼んで、一枚一枚検査したところが、原田先生の指摘のとおり「こういう撮り方では、報告書の役には立たない」ということになり、原田先生はこれによって調査員になられ、綿密な調査を踏まえて、報告書作りでは「この沖ノ島は国宝になる出土物だから、大事に報告書を作らなければいけない」という決意から、『沖ノ島』『続・沖ノ島』の二冊の報告書の約八割の資料は原田先生の手にかかっていると言われています。

それだけに、報告書に対する執念は強かったわけです。

そして、「平原遺跡の出土遺物は、沖ノ島の沙汰ではない。沖ノ島以上の国宝だから、国宝になるというキチッとした最初からの準備が必要だ」と言って、綿密に準備をされたわけです。

原田大六先生と中山平次郎先生の出会い

原田大六先生は、大正六年一月一日に生まれ、昭和六年の旧制糸島中学校の生徒のときに、九大の医学博士であり、考古学者の中山平次郎先生という方の「天孫降臨の地は、宮崎県ではなく福岡県の糸島郡だ」という論文を、昭和六年に読まれたわけです。

「それじゃあ、一生涯かけてその天孫降臨の地の証拠物件を探すのだ」と、天孫降臨の地の証拠物件を探すために生涯をかけられたわけです。

その原田大六先生の先生でありますが中山平次郎氏は、医学の教授でありながら考古学者としての名声の方が高いくらいの考古学者です。

中山先生は、三つの大きな問題点を指摘されています。一つは福岡市の鴻臚館《こうろかん》、昔は今の所ではなく別の所が定説になっていた時代、今から八十数年前ですが、「古事記・日本書紀に載っている鴻臚館の跡はここだ」といって、兵舎、当時は福岡城内にあった陸軍の部隊がいまして、兵舎がありそのところを指摘されたわけです。

どういうことから指摘されたかということを聞きましたところ、「万葉集の歌から推測して、あの陸軍二十四連隊の兵舎の所にある」という考えだったそうです。

そこ（陸軍兵舎）には一般の人は普段は入られませんが、一年に一回だけ入られる「博多どんたく」のときに、みんなに紛れてそこに行かれて、発掘はできませんので表面の採取だけをして、研究されていたところが、憲兵に捕まって大問題になった。

九大の教授ということが分かって、憲兵立ち会いの下に調査されたわけです。現在は、その中山先生の指摘通り、鴻臚館跡の発掘がなされ、それが証明されています。

もう一つは、縄文時代からすぐ古墳時代になっているという説が定説であった大正時代に、中山先生は「縄文時代と古墳時代との間に『金石併用時代《きんせきへいようじだい》』、つまり金属器と石器の両方を使っている時代があった」という論文を発表されています。

それがみんなに認められて、「金石併用時代は、弥生時代のことである」と、弥生時代を設定する最初の論文を書かれた人です。

併せて三雲南小路《みくもみなみしようじ》を研究されたのです。

前原の三雲南小路遺跡、これが江戸時代の青柳種信《あおやぎたねのぶ》という人が書かれた『柳園古器《りゆうえんこき》略考《りやくこう》』に載っています。

これを真剣に研究されたところ、どうも一字だけおかしいと、それは柳園古器略考には細石《さざれいし》神社の南と書かれているが、南ではなさそうだ。それで、何回も何回も三雲南小路遺跡の近くに出かけて、近所の人からも聞き、現場の表面採取もして、これは「西の方が正しいのである」という論文を書かれています。

そして、「この遺跡から、『鏡と武器と勾玉《まがたま》』この三種の神器が出る。特に鏡がたくさん出るということは、古墳時代の大和地方のお墓に繋がるそれ以前の出土遺物であり、天孫降臨の地の証拠物件である」ということを発表されていたわけです。

原田大六先生はそれを信じて、兵隊から帰ってきてすぐ、中山平次郎先生のお宅を訪問されました。そうしたところ、非常に歓迎されて、そしてずっとずっと親切に教えていただいた。原田先生は、天孫降臨の地の証拠物件は何かということを、この中山平次郎先生から教えてもらってあります。

大鏡の発見

原田先生の発掘調査の大きな仕事は、支石墓（巨石の上石とそれを支える支石の組み合わせでできたお墓。ドルメンともいう）の発掘調査です。

日本で一番最初の支石墓、曽根石ヶ崎の支石墓の発見、これが日本で一番最初の支石墓の発見になっています。そこの発掘調査をして報告書を書かれました。

その次に、それが志登にたくさんあるということで、現在、志登支石墓収蔵庫の中に入れられている志登支石墓の発掘調査を担当されたわけです。

次に、沖ノ島の発掘調査になったところが、人員の都合で「あんたは、用はない」と言われて、「じゃあ」といって人夫になってやっと参加させてもらった。その結果が、先ほど話ましたように、調査員になって報告書をキチッと書かれました。

その間、原田大六先生は、中山平次郎先生から言われた天孫降臨の地の証拠物件「三雲南小路遺跡」「井原鑓溝遺跡《いわらやりみぞ》」、そして「天孫降臨の地であるならば、最後の王の墓が必ずあるはずだ」という希望を持ちながら、待ちに待っていたと言われました。

昭和四十年二月一日、糸島高校の大神邦博《おおがみくにひろ》先生から「平原で鏡が出ました」という知らせが入った。現場に行ったところが、もう発掘部分が荒れてしまって「これじゃあ、どうにもならんばい」といって、鏡を見せてもらったところが、今まで見たことも聞いたこともない大きな鏡だった。

そこで、井上勇さんという友たちのところに「こりゃあ、大事のできた」といって走り込んだときには、土足のままお座敷に走り上がっていたと言われています。それだけ、大変な、大変な遺跡だったのです。

それこそ命をかけて報告書を作り上げるということで、真剣に真剣に発掘調査をされました。そして、たった一年で『実在した神話』を発表された。

「これは報告書ではない。今のところ、一番大事なところを少しだけ皆さんに知ってもらうための手がかりだ」と言って出されたのです。

八咫の鏡の行方

原田大六先生から、「この『実在した神話』を理解するためには、いくつかの知っておいてもらわなければならない問題がある」と聞かされました。

それは、「八咫の鏡というのはたくさんあるということ。八咫の鏡と言っただけで『これが八咫の鏡』と分かるものではない」と、ここ（平原遺跡）に出てきた四面の八咫の鏡。原田先生は四面と言われています。今、前原市と国は五面と言われています。その違いは、私は原田先生の方が正しいと思います。その証拠はここにあります。

この報告書（『平原弥生古墳　大日貴の墓』）を作るときは、九州大学の十六代学長の神田慶也先生が編集委員長でした。その編集委員長の神田慶也先生が、「分析すること。それから綿密に調査すること。これが基本だから間違わないようにしなければいけない」といって、原田先生が昭和四十二年に整理されていた鏡の内容を、東京国立文化財研究所に出して、調査・分析を頼まれた。

ところが、その東京国立文化財研究所の馬淵久夫さんという方が言われるには「こういう大切なものは、直々に来て、そして責任を持って、その試験資料を持ってきて調査しなければ、いい加減な調査ではだめだ」ということで、国立文化財研究所の責任者である馬淵先生が国立博物館の元職員の人を連れて前原に来られて、一つ一つの鏡から写真を撮って、この場所から撮ったということを馬淵先生が記録される、国立博物館の元職員の人が一つ一つ器具を拭きあげて、少しの資料を大切に持って帰られたわけです。

その報告書は『平原弥生古墳　大日孁貴の墓』に載っています。

一方、前原市が「一面と考えられていた鏡が、二面の鏡と思われる」という十二号鏡の資料も、馬淵先生は破片のところと本体のところの二通りに分けて、両方持って行かれて分析されたところ、「基本的に同じであった」という論文がこれに書かれています。ところが、前原市が再度報告書を作るときに、「十二号鏡を観察したところ、本体と破片の違いが分かった」と書いた。

鏡の資料が東京国立文化財研究所の馬淵先生と一緒に分析された平尾さんの所に送られています。平尾さんという方と馬淵先生は報告書に一緒に名前が載っています。その方に分析を頼んだところ、「資料は少し数字が違う」といって報告しています。

私はすぐに、こっち（『平原弥生古墳　大日孁貴の墓』）の報告書と前原市の報告書の違いについて、平尾先生におたずねしました。

「貴方は平成二年に、『十二号鏡の本体と破片は基本的に同じ』という報告書を出していますが、この度は違うと書かれています。『そのことが違う』とどうして分かりましたか」と手紙を出しましたところ、「この度は、前原市から『違いがハッキリ分かったから』と言って資料が送られてきた。その資料を分析したところ、『こういう数字になった』ということを送っています」ということでした。

たしかに、数字はいくらか違います。ところが、その報告書、国立文化財研究所からきた鏡の報告書は、二個所採ったところの分析結果は、同じ鏡であってもその数字が違います。

そこで、私は平尾先生に「どれだけ数字が違えば、個体が違うということの証明になりますか」ということを問いましたところ、それの返事はありませんでした。

私が出した手紙と平尾先生から来た手紙はキチッと保管しています。いかに数字が少し違っても、「これは別個体である」という決定を下すには非常に難しい、ということが分かりました。

八咫の鏡が四面なのか五面なのか。『古事記』『日本書紀』をみれば、天照大御神から後継者に一面の八咫の鏡が渡されて、今、伊勢神宮に行っているというのが書かれています。

原田先生は「五面あったうちの一面が行ったのであろう」と書かれています。ところが、前原市から出された報告書では「五面が平原遺跡にあったのだから、原田先生の『一面は伊勢神宮に行った』という論文はおかしいんじゃないか」という話も聞きますが、一面は『古事記』『日本書紀』に天照大御神から行った（伊勢神宮に）と書かれていますので、八咫の鏡を持っていた女性の天照大御神が「どこに」「いつ」おられたのかということが証明できれば、「行った」ということになると思います。

伊勢神宮にはあくまでも「天照大御神と呼ばれた人から行った」ということが分かり

ます。

伊勢神宮にも八咫の鏡があって、「天皇家の八咫の鏡は伊勢神宮の八咫の鏡の複製品である」と『古事記』『日本書紀』に書かれています。

このように複製品の八咫の鏡もあるはずです。

それから下関の赤間神宮に行きますと、安徳天皇、源平の壇ノ浦の戦いにおいて、わずか八歳で海に身を投じたとされる天皇ですが、この人が持っておられた八咫の鏡が、箱に入れてあったので海から浮き上がって、それが回り回って、赤間神宮で保管してあるという八咫の鏡もあります。

八咫の鏡といっても、この八咫の鏡はどういう条件のもとの八咫の鏡であるかというのをキチッと証明できなければ、ただ「八咫の鏡、八咫の鏡」と言っても問題にはなりません。

天照大御神は男か女か

天照大御神は男か女かということを分かっている人は少ない。天照大御神はいくつもの天照大御神がある。

一つは原点の天照大御神で、太陽のことを「天を照らす大きな神」と人間がつけて祀った。天照大御神の原点はあくまでも太陽である。

ところが太陽を祀るために、陰陽思想でいえば陽は男で、陰の人間の女性が太陽の妻になって太陽の祀りをした。

「太陽に妻があった」ということは辞典を引けば分かります。太陽の妻の名前が出ています。「大日孁貴」を引きますと「太陽の妻の意」と書かれています。

太陽の妻になったことによって、夫の天照大御神の名前が人間の女性に付いて人間の女性の天照大御神ができるわけです。

人間の女性の天照大御神なのか、太陽の天照大御神なのかはその条件をキチッと聞かないと分かりません。

また人間の天照大御神が太陽を祀るために、仏様を祀るときに御身体の仏像があるように、太陽を祀るのに太陽の御神体として青銅鏡を使用した。それが八咫の鏡。それで八咫の鏡の天照大御神もあるということです。

太陽の天照大御神あり、人間の天照大御神あり、青銅鏡の天照大御神もある。それで、「天照大御神といっても、条件をキチッと揃えなければ本当の事は分からない」というのが原田先生の見解です。

前原市は高天原だった

高天原の原点は太陽の実在する天空です。

天空が高天原の原点です。ところが、地上に女性の天照大御神を創れば、その女性の天照大御神が「いつ」「どこに」どういう条件で実在したのかというのがハッキリすれば、そこが地上の高天原です。

高天原は移動します。「いつの時代の高天原はここだ」と、「いつの時代の高天原はここだ」と。

例えば、糸島郡の天孫降臨の時代は、「ここ、前原に女性の天照大御神がいた」ということが証明できていますので、前原がそのときの高天原です。

また前の高天原から天孫降臨してきたと書かれていますが、天孫降臨というのは、天照大御神を祀る子孫が先に居たところから新しいところに移って来ることが天孫降臨です。その天照大御神が先に居た場所そこが先の高天原です。

前原市は天孫降臨地時代の高天原だった。それは八咫の鏡で証明できています。この前原市に高天原があった以後は、どこにその女性の天照大御神、人間の天照大御神と八咫の鏡の天照大御神が移動して行ったのか。その移動して行った先が次の高天原になります。

ただ高天原と言っても、いろんな条件があるので、その条件を満たしていかないと高天原は分からないと言われます。

天岩戸と殯宮

原点の天岩戸はありません。というのは、太陽が入る天岩戸が原点ですが、今の知識では太陽が天岩戸に入らないということはハッキリしています。

地球の裏側にいけば真っ暗になるというのは、これは「太陽が天岩戸に入った」という概念です。昔の人は太陽が隠れて真っ暗闇になることを「天岩戸に太陽が入ったので真っ暗になった」という思想のもとにいたわけです。

ところが、地上に人間の天照大御神を創ると、人間の天照大御神はお隠れになります。死亡される。そのお隠れになった人が入られた殯宮、殯宮は亡くなった人を埋葬するまでの間、安置しておく場所のことですが、この場所がキチッと証明できれば、そこが天岩戸です。

原田先生は、「殯宮がキチッと証明できる」と、この『実在した神話』に書かれています。

『平原弥生古墳　大日孁貴の墓』にはその殯宮の柱の穴の深さがキチッと実測図で載っていますが、浅いのです。

原田先生以外の論文をみると、「原田先生は殯宮の家の柱の跡と書かれているのに、家の柱のあとではない。お墓を囲む壁の柱の跡だ」と、こう論文で書いてある人もあります。

その人は、本当にその柱がどういう条件で建てられなければいけないかということを、ご存じないと思います。壁の柱の跡は、高さの約三分の一を下に埋めないと役に立ちません。掘立柱は浅くとも十五本の柱で互いに持ち合っていますので、下さえ動かなければ崩れることはありません。掘立柱を建てるには、そう深くなくても実用です。それも殯といってお墓にする前、今で言うお通夜の式典の時だけの用には十分です。

古墳時代には殯は一年位やりますが、だいたい「十余日ぶっ通し」と『魏志』倭人伝には載っています。『古事記』『日本書紀』にも「八日八夜ぶっ通し」というような書き方ですので、そう長い間の殯ではなかったろうと思います。殯宮の柱の穴であるという原田先生の説はキチッとした論証の基に書かれています。

須佐之男命について

天照大御神と須佐之男命。この須佐之男命もスサノヲというのはいくつものスサノヲがある。

原点は台風のタケハヤスサノヲ。次は台風を追放祈願・祈禱する人間のスサノヲがある。それからその時の道具のためのスサノヲがある。

道具は銅剣《どうけん》、銅矛《どうほこ》、銅戈《どうか》、銅鐸《どうたく》、この四種の青銅器は祭りのための道具であるとともに、台風追放祈願・祈禱用の道具であると書かれています。

ただ漠然と「天照大御神は男なのか女なのかという論証だけではダメだ」と、「条件がいくつもキッチリしなければ、論文にはならない、というようなことを知ってもらって、この『実在した神話』を読んでもらいたい」というのが原田先生の希望でございます。

原田大六先生とのお別れ

原田先生は、報告書を作るためには二千万円も三千万円も金がいるので、「その金を作らないといけない、研究もしなければいけない」ということで、昭和四十一年からお亡くなりになるまで、報告書作成の費用をつくるという意味もあり、同時に研究の成果としてたくさんの本を書かれています。

『雷雲《らいうん》の神話』というものもあります。『雷雲の神話』は『古事記』『日本書紀』の最初の部分、アメノミナカヌシの神からイザナキ・イザナミまで、「イザナキ・イザナミは雷雲の中に発生する陰電気と陽電気である」と、こう書かれているのが『雷雲の神話』です。

それで、「雷山という山が非常に大切になる」と、奈良県に行ったらそれが丘になる。丘になっていながら神の坐す丘になっている。「雷《いかづち》の丘は神が坐す所。雷山はそれ以上に『古事記』『日本書紀』の原点のイザナキ・イザナミが坐す所」とも書かれています。

それから、『銅鐸への挑戦』という本を書かれています。五冊に分けて書かれています。『古事記』『日本書紀』の神話の中の一字一句にわたって解明されています。「『古事記』『日本書紀』の神話の中に銅鐸は出てこない」とみんなに言われていたのが、銅鐸もキチッと書かれている、というのが『銅鐸への挑戦』です。

原田先生がそれだけ一所懸命頑張ってこられたことで、市でも伊都歴史資料館を造るということが動きだし、じゃあ、いよいよ「平原遺跡」の報告書にかかろうとされた昭和六十年五月二十日、私のところに原田先生の奥さんから電話がありました。「波多江病院の院長先生が来られて、『今すぐ原田大六先生を入院させないと、命の保証はできないという時点になっています』と。ところが、絶対に入院しようと言わない。どうにもこうにもなりません。来て入院するように説得してください」という電話でした。

すぐ飛んで行きましたが、なかなか「うん」と言われないわけです。そこで、当時は九大の名誉教授で九州産業大学の理事長をしてあった神田慶也先生に、「こういう状態ですから、先生が推薦される病院を探してください。できれば、九大にベッドを用意していただけませんでしょうか」と頼んだのです。

ところが、その時は九大でも対応できない状態で、九大から推薦する西福岡病院に「ここが原田先生の体に一番良いと思われる。そこに勧めたい」と言われましたので、神田先生と九大病院と話し合ってもらいまして、原田先生に「貴方のために一番良い病院です。ぜひ、入院してください」と、泣き落としで頼んでやっと入院していただきました。

私も毎日、毎日その病院に通いました。それから五日目の五月二十五日に行ったところが、原田先生の奥さんから「大事のできた」と言われまして、「なしてですか」と聞いたところ、「暁の脱走を企てて、玄関先で病院に捕まって、どうもこうも暴れ回るから、ベッドに両手両足括り付けて、やっと点滴しています」ということでした。

私が病室に行ったところが、いきなり大変な剣幕で怒られました。「なんでお前は、ここに俺ば入院させているのかぁー。報告書が出来なければ俺は死なれんと」と、そりゃあ、えらいえらい剣幕で怒られました。どうにもこうにもならないまま、ただじっと見守ることしかできませんでした。

そして、二十六日、二十七日の二日間は落ち着かれましたので安心していましたが、とうとう五月二十七日に永眠されました。

平原遺跡の報告書ができるまで

私の眼には、その時の原田先生の死にもの狂いの叱責がまだ残っているのです。それでも、私は専門家ではないのです。どうにもこうにもならないで、誰か原田先生の報告書を編集してもらえる人がいないだろうかと捜しました。

原田大六先生の周囲には、勉強しに来られるたくさんの人がいました。ところが、大神先生という方は原田先生よりも早く亡くなられましたし、秘書に匹敵するだけの中田道夫さんという方がおられましたが、この方も亡くなられていました。あと、学校の先生や前原市の市の職員の方やらがおられましたので、市の職員の特に小金丸俊光さんと二人で「誰が良かろうか」と話し合っていましたが、ちっとも前に進めないわけです。

そういう時に、伊都歴史資料館の準備が進んで、「原田大六先生の奥さんの兄さん、彫刻家で日展審査員の原田新八郎先生が、伊都歴史資料館の玄関の壁画を決められました」と小金丸俊光さんが言われました。

「えっ！　何に決められましたな」と私が聞くと、小金丸さんは「吉備真備《きびのまきび》に決まりました。町長さんと話し合って、もう決定しています」と、「でも、そりゃあ、困ろうもん」と私が言いましたところ、「芸術家が決定されたことは、ちょっとどうにもならんがなぁ」と小金丸さんが言われたので、私が帰ろうとしたところ、「まだ、二、三日余裕があるもんなぁ」と、こう謎をかけられました。

そこで、私は「じゃあ、新八郎先生に会いに行こう」と思い立ち、奥さん（原田先生の奥さんで新八郎先生の妹さん）と二人で新八郎先生のところに行きました。

そうしたところが、「あんたたちが来ている問題は分かっとる。帰りない。帰りない」と玄関払い。だけど、「とにかく、一言だけ聞いてください」と上がり込んで、私が「伊都歴史資料館に展示されるのは、原田大六先生の弥生時代の特に平原遺跡の出土品になっています。ところが、吉備真備は奈良時代の人です。それは『古事記』『日本書紀』にも載っています。言うなれば、クラシックを演奏する前に時代の違う演歌の演奏で始まったらどうなりますでしょうか」と言いました。ところが、「うーむ、そうばってん、もう記者会見までして発表しとるけんなぁ。まあ、今日のところは帰んない」と言われましたので、しぶしぶ帰りました。

ところが、小金丸さんから連絡があって「とうとう、変わったばい」と、原田新八郎先生はその日のうちに平原遺跡に行って、平原遺跡から見える東側の山並みを描かれて壁画にされたわけです。

「ああ、良かった」と安心していましたが、次には新八郎先生から私が呼ばれまして行きましたところ、原田大六先生の位牌の前で、奥さんのイトノさんと新八郎先生と二人でした。

「あんたが一番、二十年間も話を聞いているから、報告書をなんとかしなさい」ということでした。「あんたが壁画まで変えたんだから、あとはあんたが何とかしなさい」と言われるように聞こえました。

市役所でもどうにもこうにもならないで、当時は小金丸俊光さんは参事でしたが、それからすぐ助役になられました。その人と二人で話し合って、「なんとかせにゃいかんなぁ」といって、「じゃあ、原田先生の三つの部屋にある資料。この目録を作ろう」と、どこに何がどういう状態でどれだけ残してあるか。その「目録を作ろう」ということで、毎日・毎日、目録作りを始めました。

原田先生の本は全部、奥さんが一番から二番と、その次の部屋も一番から二番と記録されていきました。その本と本の間、本の中にも原田先生の手が入った文字とか写真とか論文とか、そういうものは私が受け持って、平原遺跡の出土品を全部書き出しました。どういう状態で、平原遺跡の出土品が保管されているかという、その目録を見れば一目で分かるようにしました。

これだけ分かったならば次はどうするか、ということで、片山摂三《かたやませつぞう》という九州産業大学の先生が平原遺跡の写真を全部撮って協力しておられましたので、その先生に相談に行きました。

「それじゃあ、九州産業大学の理事長もされている九大の第十六代学長の神田慶也先生は、原田先生とも懇意だったから、編集委員長を頼んだらどうだろうか」ということになり、そこで神田慶也先生のところに三人で行きまして頭を下げて頼みましたところ、快く引き受けていただきました。

それから六年六カ月をかけてこの二冊の報告書(『平原弥生古墳　大日孁貴の墓』(上巻、下巻)を作ったわけです。

「本を作るには、出土品の写真を撮らなければいけない」ということで撮り始めたところ、まだ鏡の整理が途中までしか終わっていなかったわけです。

編集委員長から、「こういう場合には写真に撮っておいて、その写真を実物大に伸ばして、その鏡の縁をキチッと切って、写真に合わせておおよその見当をつけて、現物をあたって整理しよう」という提案で、えらく時間はかかりましたが、整理しましたところが、四十二面に分けられていた鏡が三十九面になりました。

どこの破片がどこにいって、原田先生がどこに整理されていたものがどこにいった。どこにいった。と、そういうことまでキチッとこの報告書に載せています。

写真の方は、片山摂三先生はもう出張出来ない状態なので、九州産業大学の若い菅《すが》十一郎先生という方と若い先生の三人が来られました。その代表が菅十一郎先生です。九州産業大学から写真機の道具を全部持ってきて、原田大六先生宅の平原遺跡復元室にキチッとセットして泊まり込みで写真が撮られました。私は写真機の下に、我々が整理した鏡をセットして、菅十一郎先生に撮ってもらったのです。実物を見るよりもハッキリ分かります。

いろんな苦労はありましたが、どうにかこうにか六年六カ月かけて「これなら皆さんに紹介できる」という本がここに出来上がったわけです。いよいよ最後に、この鏡が果たしてどういう意味を持っているのか、ということを詳しく話したいと思います。

八咫の鏡の持っている意味

「八咫の鏡とはどういうものであるか」ということを、原田大六先生は報告書の準備をされていました。十二冊のノートを準備されていましたが、全部白紙でした。一番最初の表紙に『大日孁貴の墓』という報告書の題名だけがキチッと書かれていました。

『平原弥生古墳　大日孁貴の墓』の平原弥生古墳というのは、福岡県から原田先生に「途中の報告を出してくれ」と要望されたときに、原田先生が四、五枚の紙に書いて県に報告されたときの名称が『平原弥生古墳』です。ですから県の最初の報告書には平原弥生古墳という名称が付けられています。

『大日孁貴の墓』というのは、原田先生が死の直前に、これに間違いないということで、報告書の最初に書かれていたのが『大日孁貴の墓』です。

大日孁貴の大《おほ》は「大きい」ということ、日《ひる》は「太陽」で、太陽が出ている間は日です。一字でひると読みます。そして、雨冠に口を三つ書いて女で「孁《め》です。「太陽の妻」という意味が含まれているのが孁です。貴《むち》というのは「貴い」ということ。「太陽の妻の貴い

平原遺跡から発掘された内行花文八葉鏡「八咫の鏡」（原田大六著『平原遺跡古墳』より）

人」ということ、またの名を夫の名前で言えば天照大御神と呼ばれています。

『古事記』『日本書紀』には、この方がお隠れになったときに作られたのが八咫の鏡と書かれています。

その八咫の鏡。後漢《ごかん》の『説文解字《せつもんかいじ》』という一番古い漢字の辞典があります。西暦一〇〇年に作られた許慎《きょしん》という人が書いた漢字の辞典でして、これに『咫《し》』という漢字の解説が載っています。

「『咫』とは中婦人の手の長さ八寸」。その当時の一寸は二・三センチ。金印の幅が二・三センチ、あれが一寸です。

一寸の八倍は十八・四センチ。一八・四センチが一咫。この一咫でもって鏡の周囲を測ると八咫の寸法になるから「八咫の鏡」。ですから、周囲を測ると百四十七・二センチである八咫の鏡）。

従って、八咫の鏡というのは大きさの名称です。

内行花文八葉鏡の中心部（原田大六著『平原弥生古墳　大日孁貴の墓』より）

また八咫の鏡と言えば伊勢神宮にあると言われています。伊勢神宮の『御鎮座伝記』という記録をみると、八咫の鏡の文様は「八頭花崎八葉《はっとうはなさきはちよう》形也《けいなり》」と書かれています。八葉形の鏡は現物としては平原遺跡の四面だけ。記録としては伊勢神宮の八咫の鏡だけ。

それで、原田大六先生は自信を持って、「『古事記』『日本書紀』の天照大御神がお隠れになって、葬儀のために作られた八咫の鏡はこれである」ということを論証してあります。

私は、その鏡を写真に撮るために、「自分でよーく観察しなければいけない、勉強しなければいけない」ということで勉強しましたところ、原田大六先生の書かれているこの八咫の鏡の中心の鈕《ちゅう》、これが太陽。次に八つの葉っぱのような形のものが太陽の光炎で太陽が燃えて広がる勢いを表現している。

そして、八頭花崎八葉形なる内行花文《ないこうかもん》と呼ばれているその先にある半円の状態、この半円の状態が問題ではなくて半円と半円の間に出ている突先《とつさき》、これが太陽の光が広がっていく強さを表現しているといわれています。「太陽の光の広がりを強めた表現である」

と原田先生は書かれています。

別のこの方格《ほうかく》規《き》矩《く》四《し》神鏡《しんきょう》をみてください。この鏡では、いくつもの小さな線で太陽の光が表現されています。太陽の光の表現にはいくつもあるわけです。太陽の鏡と言われながら、八咫の鏡にはこの線が付いていない。平原の他の鏡にはこの線が全部付いています。

それがいわゆる櫛歯文といわれるます。つまり「櫛歯の文様」と呼ばれるものです。光の表現の仕方にはいくつもの表現の仕方がある。この小さな線による光の表現もその一つです。

方格規矩四神鏡（原田大六著『平原弥生古墳　大日孁貴の墓』より）

ところが、この八咫の鏡にはこの線が付いていないというので「おかしい。おかしい」と言いながら観察していたところが、この次頁の写真ですね、横に付いていたわけです。この文様を、ある人は「瑕《きず》」と言われます。ところが、瑕ならどうして同じような文様が少しゆがんだところもあるのか。瑕はこれだけの文様を作るために磨くときには絶対にできません。

直方の山本利行さんという鋳造師に見てもらいましたところ、「目的をもって付けなければ、絶対に付かない文様である」とこう言われました。「じゃあ、これを復元してください」と言って、山本さんに頼んで作ってもらったのがこの鏡です。

銅と錫と鉛の分析をキチットしてそのとおりに作ってもらって、この文様がどうして付けられたのかということを確認するために付けてもらいました。

これは、二通りの付け方があります。

一つは、鏡を鋳造するときの鋳型の方に付ける方法で鏡を作ってもらいました。鋳造して開けたところが、バリ（鋳型と鋳型の隙間から漏れ出たもの）があります。上と下の鋳型の隙間からバリが出てきます。そのバリは削って除けなければいけない。削って除けるときにこの文様が消える部分がある。そこは後で、第二の方法である鏨《たがね》でいちいち付けなければいけない。そういう手続きを踏んでこれは作られています。

「絶対に付けなくてはいけない。付けなければいけない」といって話をしていましたが、日が経つものですから、神田慶也委員長から「じゃあ、その線は何本付いていますか」と聞かれますので、「こりゃあ、困った」と思って、小金丸さんに相談しました。

小金丸さんは若い頃に土地改良の職員だったので、測量のベテランです。「こんなときにはなぁ、一センチに何本、一センチに何本と数えられるところは全部数えて、平均を取って周囲に掛ければおおよその数字が出る」ということで、二人で数えました。

平均を取って掛けたところが、千五百十八本です。ところがこの千五百本が『古事記』『日本書紀』でキチット付いているんです。

こういう状況で付けられていています。（天照大御神は）「また、左右の御手には各々八尺《やさかの》勾璁《まがたま》の「五百個御統《いほつみすまる》の珠《たま》を纏《ま》き持ちて、背《そびら》には（背《そびら》とは背中です）千入《ちいり》り靫《ゆき》を負《お》ひ（千本の矢を背中に背負って）、ひらには五百入《いほいり》の靫を附け（ひらとはお腹のことです）、お腹には五百本入りの靫、五百本の矢を附けたと……」こう書かれています。

それで、この八咫の鏡を横にして置けば、前に見えるところに五百本の印が付いている。背中の方に千本の印が付いている。原田先生はこの文様に気づかれていませんでしたが、『古事記』『日本書紀』のこの部分の解説『銅鐸への挑戦』（八十一ページと八十二ページ）に「千五百本の矢とは、天照大御神の太陽の千五百本の光

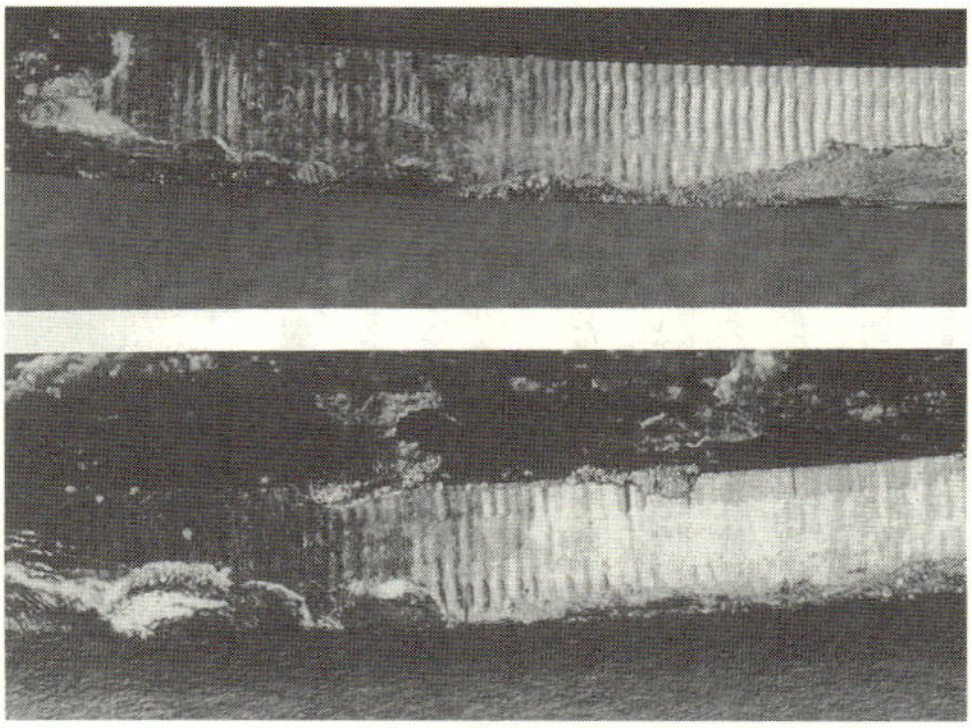

方格規矩四神鏡の周側面の櫛歯文（原田大六著『平原弥生古墳　大日孁貴の墓』より）

である」とキチッと書いてあります。

「千五百本の光の矢が、天照大御神の御神体には付いている」と『古事記』『日本書紀』に書かれていて、それを原田先生は指摘されています。その指摘のとおりにこれが出たんです。それで私は、いよいよもって「原田大六先生の説がはっきりした」と思っています。

もう一つ分かりましたのが、この八咫鏡の九つの円、同じ円が九つ描かれています。

「何故九つなのか」と聞かれましたので、調べてみました。そうしたところ、これ『楚辞《そじ》』に載っていました。

紀元前の中国の本で、楚の国の言葉を集めた『楚辞』という本があります。屈原《くつげん》という人が書かれたものと編集したものであろうと言われています。

この『楚辞』の中に天問《てんもん》というのがあります。「圜則《えんそく》は九重《きゅうじゅう》なりと、孰《たれ》か之を榮度《えいど》せる」と、意味はこう書かれています。「『孫子』に『九天の上に動く』とあり。この九天は九つの円の重なりの天の意味であり、九はきわめて多いことを表す。天に九つの円の重なりがある」と、中国ではそう言われていた。それで、「太陽の光がこの宇宙に広がっている」という表現がこの九つの円の表現になっています。

ちなみに、五重の塔の上にある円、あれが九つ。「五重塔は天に向かって仏の魂が行き来する柱」という意味ではなかろうかと思われます。天に九つの円の重なりがあるというのは、平原遺跡を造るときに分かっていたと思われます。

いかに中国の文化が影響しているかということが分かります。

原田先生の言われる、寸法のこと。文様のこと。それから太陽の姿のこと。九つの円の重なりのこと。太陽の光を表す千五百本の光の矢のこと。これをもっていよいよ『古事記』『日本書紀』に書かれている天照大御神のお隠れになったときに作られた八咫の鏡である」ということが、証明できると私は確信しています。

どこから天孫降臨してきたのか

それから、もう一つの証拠物件である『八尺勾瓊《やさかのまがたま》の五百個《いほつ》御統《みすまる》の珠《たま》』。これは「勾玉と五百個のまる珠が組になっている表現である」ということが、原田大六先生の報告書の中に出ていますが、『古事記』『日本書紀』にある「『八尺勾瓊の五百個御統の珠』は、天照大御神の所持品である」と。

そして、「その一組は現在、天皇家にある」と言われている「八尺勾瓊の五百個御統の珠」が、平原遺跡からも出ている。報告書の中にキチッと書かれています。

三種の神器というのも、いろいろあるわけです。特定された三種の神器は、『古事記』『日本書紀』に書かれている三種の神器『八尺勾瓊の五百個御統の珠』と『八咫の鏡』と、それから『天叢雲剣《あめのむらくものつるぎ》』です。

天叢雲剣は天皇家にも伊勢神宮にも平原遺跡にもなく、熱田神宮にあると書かれているとおりに、熱田神宮だけにあると思われます。

この大日孁貴の墓は、天孫降臨地の最後の遺跡です。

前原での天孫降臨の地の最初の遺跡は三雲南小路遺跡です。細石神社の西約五十メートルのところに、昭和四十九年と五十年にかけて、原田大六先生が県の指導委員長になられて、中山平次郎先生が指摘してあるとおりに、「西側を掘りなさい」と指摘された所から一発で出ています。

それが一代目の木花之佐久夜毘売《このはなのさくやひめ》とその姉の石長比売《いわながひめ》。邇邇芸命《ににぎのみこと》の奥様になられた木花之佐久夜毘売が祀られている。三雲細石神社の西約五〇メートルの場所から前漢鏡三十五面を持った王墓が発見されて、「これこそ、『古事記』『日本書紀』に書かれている邇邇芸命のお墓と奥さんのお墓であろう」と推定されます。

その次に、前原市で顕著なのが井原鑓溝遺跡。これはまだどこにあるか分かりませんが、南側の「井原ヤリミゾと三雲ヤリミゾとの境にある」と書かれていますので、おおよその場所は分かっています。

一昨年から去年にかけてその近くの県道を拡幅するときに鏡が五面ばかり出ています。ところが、『柳園古器略考』にある記録とは違う鏡のようですので、ここが『柳園古器略考』に書かれている井原鑓溝遺跡というのは分かっていませんが、時代としては平原遺跡と三雲南小路遺跡の中間の時期の王墓と思われます。

原田大六先生は「まだそれは王墓だとは言い切れない。それは、勾玉が出ていないし、鏡が小さく、大きな鏡が出ていないので王墓とは言えない。ところが、王墓に繋がるその時代のお墓である」と、原田先生は言われています。

そして、三代の最後の王のお墓は、女性の玉依毘売《たまよりひめ》（初代天皇とされる神武天皇の母）のお墓であるという説を発表されました。

それならば、考古学的に三代の天孫降臨の地はどこから天孫降臨してきたのか。天孫降臨と言えばほとんどの人が「韓国とか中国とかああいう遠い所から渡ってきたのではないか」という人がいます。

ところが、天孫降臨を証明できるのは鏡です。『魏志』倭人伝に書かれている邪馬台国の女王卑弥呼を証明できるのも鏡です。鏡が天照大御神を祀る証拠物件です。「その鏡を研究することによって、日本の天照大御神、日本という太陽を祀る精神が、どこから

平原遺跡から東方の山並みを望む

始まってどこで発達してどこに移動して行ったのか。これが日本国家の起原の一番大事なところである」と、こう言われています。

前原市に天孫降臨してくる前の鏡の遺跡はどこにあるのか。それを調べればいいわけです。鏡を三種の神器として副葬する遺跡は、中国にも韓国にもありません。物質としての鏡文化は中国や韓国から日本列島に渡ってきています。ところが、それを使う精神文化は日本独特のものです。日本独特とはどういうものか、といいますと、鏡は太陽を祀るための道具として使用したのです。これが基本です。

それならば、日本ではそれがどこから始まったのか。

それが、この頁の写真です。「よーく見てください」。これが結論です。まん中に東原山《とうばるやま》というのがあります。この東原山が平原遺跡から見れば真東にあります。真東にあたることによって東原山とこう呼ばれています。

そして、その真東にここでは見えませんが飯盛山があります。その飯盛山の真東にあるのが吉武高木遺跡《よしたけたかぎ》（福岡市西区）です。この吉武高木遺跡は紀元前二世紀の鏡と武器とそれから勾玉、この三種の神器が出土していて、日本で最初に三種の神器を証明出来る遺跡です。

東原山の東側でこの三種の神器を祀る文化が最初に始まり、そして、その祀りが高い位置まで上がったのが、そのまた東に位置する春日市の須玖岡本《すくおかもと》遺跡です。

これからは前漢鏡が三十二面出土しました。その須玖岡本遺跡から天孫降臨してきたのが前原市の三雲南小路遺跡。これが今のところ考古学的にキチッと証明できる天孫降臨の証拠物件です。

そして、左側にクシフル山（久士布流多氣）と書いています。このクシフル山は前原市にあります。大正時代の『糸島郡誌』の中に書かれています。「江戸時代の古文書にクシフル山という記録が前原市に残っています」といって、原田大六先生は「ここにクシフル山があった」と発表されています。

漢字で書かれているのが古事記の文字です。「久士布流多氣《くしふるたけ》」と『古事記』にはこの文字で書かれています。それで、須久岡本遺跡からこの久士布流多氣に来られて、そして、糸島郡の地形を見られて都を定めた。前原市に決まったのが邇邇芸命の第一代での王であろうと、こう言われる由縁です。

写真の右側に日向峠《ひなたとうげ》と書いていています。平原遺跡に埋葬された女神の足の方向がこの日向峠にピタリと当たっています。

日向峠の方向に女神の足が向いているということは、十月二十日の太陽が平原遺跡の女王の体に射し込んで、太陽と人間の女性の体が一体になる条件で平原遺跡が出来ています。それで、「太陽の妻」という名称とこの遺跡の現状がピッタリ合うことになります。

おわりに

この十月二十日というのは、原田先生は神嘗祭《かんなめさい》に近いと書かれていますが、私は一年かけて平原遺跡の東側の山並みの写真を撮りましたところ、十月二十日に日向峠から朝日が出ました。十月二十日というのは神嘗祭の中日です。伊勢神宮に行きますと一年間で一番大切なお祭りの中日。伊勢神宮でも一番大切な日が十月二十日です。ここの平原遺跡でも十月二十日が一番大切なこのお墓の中日になります。

今年は、十月二十日に「王墓祭り」というのがこの遺跡のところでありました。来年もそれがあると思います。二〇〇八年は第二回、来年は第三回目の祭りがあると思います。

今日はこれで止めさせてもらいますが、方格規矩四神鏡の写真は、これは「お宮の絵馬の原点がこの鏡にある」ということの説明ができればということでしたが、機会があればその話もしたいと思います。

以上で終わります。

あとがき

私の恩師は、原田大六先生である。昭和四十年一月に平原弥生遺跡が発見されて、その副葬品の取り持つ縁によって、その後原田先生が永眠される間の二十年間、私は、原田先生から熱心に教えを受ける事が出来た。

その原田先生の教えは、『万葉集』『古事記』『日本書紀』の神代史や考古学などに関係した学問を、繰り返し繰り返し熱心に教えてもらうことが出来た。先生からの試験はないし、それによって責任を持たされることもなく、本当に楽しい日々を送らせていただくことが出来たのである。

ところが、昭和六十年五月二十日原田先生の奥様から電話があり、「主人の病が非常に重い、主治医の先生が直ぐ入院しなければ命の保証はないとまで言われますが、主人は絶対に入院しようとは言いません。彼方から入院するよう説得してもらえないでしょうか」との電話であった。すぐに原田先生宅に行き、入院されるようにお願いしたが、聞き入れてはもらえず、その日は、原田先生が信用されている、神田慶也博士に、原田先生の病状をお話しして、原田先生の入院先の病院を探してもらえるようにお願いし帰ってきた。明二十一日、神田博士の返事を聞き、原田先生を説得して、やっと福岡市の西福岡病院へ入院されたのである。

ところが五日目の五月二十五日に病院に来てみると、原田先生は、朝病院を脱出されようとして玄関で発見され、今は両手両足をベットに括られて点滴がなされているとのことである。直に病室に行ってみると、とたんに大声が飛んできた、

「いつまで俺を入院させとうとかあ、平原の報告書を作らにゃあ、死なれんたあ分かっとろうが」

と、どえらい剣幕で怒鳴りつけられた。病弱の原田先生にこれだけの強い力が残っていようとは。私はこの時、原田先生の本当の命の叫びを聞かされたのである。そして五月二十七日の十三時三十二分、原田大六先生は六十八歳で永眠された。

そのご葬儀が終わり、初盆もすんだ十月、原田先生の仏前で、奥様と同席された、奥様の兄にあたる日展審査員の福岡教育大学教授原田新八郎先生から私に、

「井手君、君が大六君の話を一番多く聞いていると思う、人と言わず後のことは君が何とかしない」と強い要請を受けた。

この事があって、平原弥生遺跡の報告書の編集準備を始めたのである。この平原弥生遺跡の報告書『平原弥生古墳　大日孁貴の墓』の編集経過は、本書の第三章で記載している通りである。

最後にぜひ皆さんに、知っていただきたいことがある。この点について、原田先生は私に、二つの重要問題を教えられたのである。

その重要問題とは、古代の文章には、現在では理解出来かねる喩え言葉がたくさん使われているということである。

その第一の重要問題は、『万葉集』の枕詞に、その喩え言葉が使われていて、その喩え言葉が解けない以上、その歌の本当の意味を理解することは、出来ないであろうといわれている。ここで『万葉集』の枕詞を一つだけ紹介しよう。

1、枕詞・「たまだすき」巻第一二・二九九二番歌（小島憲之，東野治之，木下正俊翻訳『萬葉集』新編日本古典文学全集9、小学館）

玉だすき　かけねば苦し　かけたれば　継ぎて見まくの　欲しき君かも

この歌の意訳を、この著書では、

（玉だすき）口にしなければ苦しく　口にすれば　続けてお逢いしたく　なるあの方よ

とある。

原田先生の教えを受けて、私がこの歌を意訳すると、「玉だすき」の玉は、魂のことであり、「だすき」は、原文には「手次」とあるので、「玉手次」とは、魂と魂を手でつなぐ事であることが分かる。魂しいと魂しいに関係する手のつなぎ形は三つある。一つは横に手をつなぐこと。二つには前の人と握手すること。三つめは好きな者どうしが互いに抱き合うことである。これが「手次」（タスキ）形である。以上のことを知って、この「玉手次」（タマダスキ）にたいする、私の意訳は以下のようになる。

恋しい貴方と抱き合う事ができなければ苦しい　抱き合う事が出来たならば　続けて逢いたい貴方である。

これとは別に、もう一つの意訳がある。私はこちらの方が良いと思う。

恋しい貴方と結ばれるように、魂と魂を結ぶ玉手次を掛けて、神に祈願しなければ苦しい、玉手次を掛けて貴方と一緒になれるように、神に祈願することが出来たならば、次にはすぐにお逢いして、祈願の成果をみたい思いでいっぱいの、私には大切な貴方である。

前記のように、今までの「玉だすき」の解釈は、枕詞として軽く扱われていたのである。しかし、「玉手次」の本当の意味は、この歌の中で、「タスキを掛けなければ苦しい」とあるように、この「タマタスキ」に込められている喩え言葉の意味（魂と魂を結ぶ力があるタスキ）を理解しなければ、この歌の本当の意味からは、遠いものになると推定されるのである。

次に、原田先生に教えられた第二の重要問題は、『記・紀』の神代史には、『万葉集』の枕詞よりも難しい喩え言葉がたくさんあるということである。

この『万葉集』の枕詞より難しいであろうと教えられた、『記・紀』の神代史の中の「天孫降臨」を、この度・拙著として世に出すことになったのである。

原田大六先生のご指摘のように、『記・紀』の神代史には、現在では理解しかねる喩え言葉が数多く使われていて、そのたくさんの喩え言葉によって喩え物語が記録されていたのである。その喩え物語の中に、真実の歴史を証明する事の出きる物証として、学問による証拠物件が弥生時代の「三種の宝物」と「三種の神器」であった。

本著書を完成するまでには、中山先生と原田先生の教えの他に、数多くの研究者が発表されている文献を参考にして、たくさんの人の協力や応援をしていただいた結果、今日、本著書『日本国家の起原と実在した天孫降臨』の完成を見ることが出来たのである。

本著書の完成にあたり、関係された方々に対し、ここに心から、厚く御礼を申し上げる次第である。

井手將雪

平成二十五年十月一日

井手將雪（いで・まさゆき）　1933年、福岡県に生まれる。平原弥生遺跡の調査を行う原田大六氏と出会い、考古学を学ぶ。原田大六氏が亡くなったのち、平原弥生古墳調査報告書編集委員として『平原弥生古墳　大日孁の墓』（原田大六著）の制作に携わる。著書に『倭女王　大日孁の墓』（近代文芸社）『日本国家の起原と銅剣・銅矛・銅戈・銅鐸の謎』（日本図書刊行会）がある。

日本国家《にほんこつか》の起原《きげん》と天孫降臨《てんそんこうりん》
天孫《てんそん》は奴国《なこく》から伊都国《いとこく》へ降臨《こうりん》した

■

2014年3月1日　第1刷発行

■

著者　井手將雪

発行者　西　俊明

発行所　有限会社海鳥社

〒812-0023 福岡市博多区奈良屋町13番4号

電話092(272)0120　FAX092(272)0121

http://www.kaichosha-f.co.jp

印刷・製本　大村印刷株式会社

ISBN978-4-87415-902-6

［定価は表紙カバーに表示］